Englische Handelskorrespondenz im Griff

von
Rachel Armitage-Amato

Ernst Klett Verlag für Wissen und Bildung
Stuttgart · Dresden

Englische Handelskorrespondenz im Griff

von
Rachel Armitage-Amato

Deutsche Bearbeitung
Sigrid Leonard

Gedruckt auf Papier, das aus 80% Altpapier und 20% chlorfreiem Faserstoff hergestellt wurde.

2. überarbeitete Auflage 2 4 3 2 1 | 1998 97 96 95

Redaktion: Annie Faugère, Jochen Lohmeyer
Einbandgestaltung: Hanjo Schmidt
Druck: Stuttgarter Druckerei, Stuttgart

ISBN 3-12-560952-6

SO BENUTZEN SIE DIESES BUCH

Wenn Sie lernen möchten, sämtliche Formen des Schriftverkehrs im Englischen zu beherrschen, so beachten Sie bitte folgende Hinweise:

- Lesen Sie zuerst das Einführungskapitel **allgemeine Regeln**.

In den nachfolgenden Kapiteln lernen Sie dann, wie im Englischen Briefe formuliert werden. Dabei werden Sie häufig der Unterteilung in die beiden Kategorien „formell“ und „informell“ begegnen, die sich häufig aber nicht immer mit den Kategorien des „Geschäftsbriefes“ und des „privaten Briefes“ decken. Prinzipiell ist jedes Kapitel folgendermaßen unterteilt:

- Zunächst vervollständigen Sie einen **Lückenbrief**. Hierfür wählen Sie aus einer Liste mit mehreren Angaben den jeweils richtigen Ausdruck und setzen ihn in die entsprechende Lücke ein. Im Anhang des Buches finden Sie den dazugehörigen **Lösungsbrief**, der Ihnen auch als Musterbrief dienen kann.
- Im Abschnitt **Redewendungen** lernen Sie, welche Ausdrücke in bestimmten Situationen gängig sind.
- In den **Anmerkungen** werden Sie auf besondere sprachliche Formen und zu beachtende Schwierigkeiten bei der Übersetzung hingewiesen.
- Schließlich heißt es: „**Nun sind Sie dran!**“ In diesem Teil sollen Sie selber mit Hilfe von Lückensätzen, die Sie vervollständigen müssen, eigenständig Briefe aufsetzen. Auf diese Weise merken Sie sich die wichtigsten Begriffe und Wendungen und prägen sich die verschiedenen Formulierungsmöglichkeiten ein.

Wenn Sie punktuelle Hilfestellung brauchen, können Sie das vorliegende Buch auch als Nachschlagewerk verwenden:

- Im Einführungskapitel **allgemeine Regeln** werden Ihnen die in der englischen Korrespondenz üblichen Formregeln vermittelt.
- Die **Musterbriefe** können als Vorlage dienen, wenn Sie zu einem bestimmten Themenbereich einen Brief schreiben müssen.
- Die **nützlichen Redewendungen** bieten Ihnen einen Abriß der geläufigsten Wendungen der englischen Geschäftskorrespondenz.
- In den **Glossaren** schließlich finden Sie die geläufigsten Begriffe aus dem Bereich der Korrespondenz in deutscher und englischer Sprache.

Und nun: viel Erfolg beim Schreiben ...!

INHALTSVERZEICHNIS

THEMEN – *TOPICS*

ANHANG – *REFERENCE SECTION*

ALLGEMEINE REGELN

Im folgenden Musterbrief sehen Sie, wie ein moderner englischer Geschäftsbrief aufgesetzt wird:

LUXI PHON
Magdeburger Straße 250 • 1000 Berlin 75

Mr J. P. Queensway
Branch Manager
Financial Bank PLC
45 Highway Avenue
Banbury
Kent AP7 5RT

8th January 19…

Our ref.: RM/AF 2411
Your ref.: JQ/108

Dear Mr Queensway

Delivery charges

Thank you for your inquiry of 1st January. We hope you will find the enclosed information useful. Thank you once again for the interest shown in our products.

Yours sincerely

R. Maskin

R. Maskin (Mrs)

p.p. Mr J. Müller
Export Manager

Enc.

Unser Musterbrief auf der linken Seite zeigt Ihnen die wohl geläufigste Form der Gestaltung. Da die Regeln im Englischen aber weniger streng sind als im Deutschen, werden Sie auch andere Varianten antreffen.

ADRESSE UND ANSCHRIFT

Bei Firmenpapier mit Briefkopf erscheint die Empfängeradresse auf der linken Seite. Das Datum steht rechts auf gleicher Höhe mit der ersten oder letzten Zeile der Empfängeradresse.

➔ Beachten Sie: Wenn das Schreiben keinen Briefkopf hat, erscheint die Empfängeradresse ebenfalls links, aber die des Absenders rechts (s. u.). Das Datum steht dann direkt unter der Absenderadresse und zwar auf gleicher Höhe mit der ersten Zeile der Empfängeradresse:

Luxiphon
Magdeburger Str. 250
1000 Berlin 75

7th March 19...

Hi-Tech Productions Ltd
Brooks House
56 George Street
Oxford OX1 6PQ

ANREDE IN DER ANSCHRIFT

- **Ms**: für eine Frau, von der nicht bekannt ist, ob sie ledig oder verheiratet ist (Ursprünglich amerikanisches Englisch, diese Anrede setzt sich nun auch im britischen Englisch durch.)
- **Mrs**: für eine verheiratete Frau
- **Miss**: für eine ledige Frau, gilt jedoch zunehmend als veraltet
- **Mr**: für einen Mann
- **Messrs**: für zwei und mehrere Herren

Wenn Sie den Namen des Adressaten nicht kennen, können Sie seine Funktion in der Firma angeben oder die Abteilung (z. B. „Sales Department“).

ANREDE AM BRIEFANFANG

Formelle Beziehungen:

Sie schreiben:	Die Anrede lautet:
einer Firma, *oder* einer Person, von der Sie weder Namen noch Geschlecht kennen.	*Britisches Englisch:* Dear Sir/Madam Dear Sir or Madam *Amerikanisches Englisch:* Dear Sir/Madam Dear Sir or Madam To whom it may concern
einer Frau (verheiratet oder ledig), deren Namen Sie nicht kennen.	Dear Madam
einem Mann, dessen Namen Sie nicht kennen.	Dear Sir
einer Person, deren Namen Sie kennen.	Dear Mr (*bzw.* Mrs/Ms/Miss) Brown

➔ Wundern Sie sich nicht, wenn Ihr englischer Geschäftspartner Sie schon bald im Brief mit Ihrem Vornamen anredet. Dies bedeutet nicht, daß er Sie damit in seinen engsten Freundeskreis aufgenommen hat! Im Englischen geht man einfach nach kürzerer Zeit als im Deutschen zu einem weniger formellen Umgangston über.

Informelle oder persönliche Beziehungen:

Sie schreiben:	Die Anrede lautet:
einer Person, deren Namen Sie kennen.	Dear Mr (*bzw.* Mrs/Ms/Miss) Brown
einer Person, die Sie bereits mit Vornamen anschreibt bzw. anspricht.	Dear Susan / Dear David
einer Freundin / einem Freund.	Dear Carol / Dear John

ABSCHLIESSENDE GRUSSFORMEL

Formelle Beziehungen:

Sie schreiben:	Die Grußformel lautet:
einer Firma (Dear Sir or Madam) *oder* einer Person, von der Sie weder Namen noch Geschlecht kennen (Dear Sir/Madam), *oder* einer Person, deren Namen Sie nicht kennen (Dear Sir / Dear Madam).	*Britisches Englisch:* Yours faithfully *Amerikanisches Englisch:* Yours truly Truly yours Yours respectfully Respectfully yours
einer Person, deren Namen Sie kennen (Dear Mr Brown).	*Britisches Englisch:* Yours sincerely *Amerikanisches Englisch:* Yours truly Very truly yours Sincerely (yours)

Informelle oder persönliche Beziehungen:

Sie schreiben:	Die Grußformel lautet:
einer Person, deren Namen Sie kennen (Dear Mr Brown), *oder* einer Person, die Sie bereits mit Vornamen anschreibt bzw. anspricht (Dear Susan).	*Britisches Englisch:* (With) Best wishes Regards *Amerikanisches Englisch:* Sincerely (yours)
einer Freundin / einem Freund.	*Britisches Englisch:* (With) Best wishes Yours *Amerikanisches Englisch:* All the best Kindest/Best regards Regards (With) Best wishes

➔ Beachten Sie: Nur das erste Wort in der Grußformel wird groß geschrieben.

➔ **Regards** wird häufig als Grußformel in einem Telex oder einem Telefax-Schreiben benutzt.

UNTERSCHRIFT

Die Unterschrift steht immer zwischen der abschließenden Grußformel und dem maschinengeschriebenen Namen des Absenders, dem auch Titel sowie Funktion innerhalb der Firma hinzugefügt werden können:

Yours faithfully,

R. Maskin

R. Maskin (Mrs)
Sales Representative

➔ Beachten Sie: Sollte aus dem maschinengeschriebenen Namen nicht eindeutig hervorgehen, ob der Absender männlich oder weiblich ist, so handelt es sich im allgemeinen um einen Mann.

KURZZEICHEN UND VERMERKE

Sie sind an verschiedenen Stellen im Brief möglich, wie z. B.:

- Oben links, unter dem Briefkopf / Über oder unter der Anschrift:

Ref.: – Aktenzeichen des Absenders, das normalerweise aus den Initialen des Verfassers und seiner Sekretärin besteht, sowie einer Aktenziffer, einer Kontonummer oder einer Kundennummer z. B.: SJG/AD 567
Our ref.: – Aktenzeichen des Absenders (siehe oben)
Your ref.: – Aktenzeichen des Empfängers, das der Absender in seiner Antwort übernimmt

- Nach der Empfängeranschrift:

For the attention of Mr Shaw oder **Attention: Mr Shaw** – um den Namen des tatsächlichen Empfängers hervorzuheben

- Nach der Anrede:

Water supplies in India – Betreff des Briefes
ACCOUNT No. 556378 – der Brief bezieht sich auf das angegebene Konto
Grant's & Co. Ltd – der Brief betrifft die hier zitierte Firma

- Zwischen abschließender Grußformel und Unterschrift / Zwischen Unterschrift und maschinengeschriebenem Namen:

p.p. – in Vertretung; der Unterzeichnende ist rechtlich dazu autorisiert, im Namen der Firma oder für jeden anderen stellvertretend zu unterschreiben

- Unten links, unterhalb der Unterschrift:

PS: – wird in informellen Briefen benutzt, um etwas hinzuzufügen, was im Hauptteil des Briefes vergessen wurde
Enc(s) oder **Encl(s)** – weist darauf hin, daß dem Brief Dokumente (Schecks, Kataloge, Kostenvoranschläge etc.) beigefügt sind
c.c: oder **copy to:** – bezeichnet die Namen derer, die eine Kopie des Briefes erhalten haben

STIL UND GESTALTUNG

- Bei der Anrede und der Grußformel wird immer häufiger auf Interpunktion verzichtet. Wichtig ist es, konsequent zu sein: also entweder beides mit Kommas am Ende, oder beides ohne Kommas.

Dear Mr Simpson, Yours sincerely,	Dear Mr Simpson Yours sincerely

- Der Hauptteil des Briefes beginnt mit der ersten Zeile nach der Anrede und wird heutzutage immer folgendermaßen gestaltet:
  - Alle Zeilen beginnen am linken äußeren Rand, Absätze werden durch Leerzeilen markiert.
  - Das erste Wort im Hauptteil des Briefes, also nach der Anrede, wird in der englischen Korrespondenz immer groß geschrieben.
- Ein Geschäftsbrief muß vor allem einfach sein. Ziehen Sie deshalb kurze Sätze vor.
- Heute darf man die Sätze durchaus mit **I** oder **we** beginnen, vorausgesetzt, man übertreibt es nicht. Komplizierte Strukturen lassen sich dadurch oft vermeiden.
- Vermeiden Sie im Brief Kurzformen wie: „I'd, I'll, won't, don't, can't, haven't" etc. Diese sind normalerweise der gesprochenen Sprache vorbehalten.
- Benutzen Sie wenn möglich die 3. Person und das Passiv, z. B. **Your order is being processed** (Ihre Bestellung wird bearbeitet), anstelle von „Someone is processing your order" (jemand bearbeitet Ihren Auftrag).

Diese Technik bietet die Möglichkeit, in angemessenem Stil im Namen der Firma zu sprechen. Der indirekte Stil läßt sich auch besonders diplomatisch bei Reklamationen oder Absagen verwenden:
A mistake has been made in our order (In unserer Bestellung wurde ein Fehler festgestellt) ist viel höflicher als „You have made a mistake in our order".

UMSCHLAG

- Auf dem Umschlag erscheinen Name und Adresse genau wie in der Anschrift, nur daß Abkürzungen für **Road (Rd)**, **Avenue (Av)** und **Street (St)** benutzt werden können.
- Der Name des Landes wird durchgängig groß geschrieben, die Postleitzahl bzw. der Postcode bekommt eine eigene Zeile:

Mr T. Simons
Morvan Manufacturing
Bromsgrove Rd
Sheffield, Yorkshire
SF2 5ST
UNITED KINGDOM

Folgende besondere Hinweise können auf dem Umschlag stehen:

Air mail	*Luftpost*
Express	*Eilbrief*
Urgent	*Eilig*
Registered	*Einschreiben*
Private	*Persönlich*
Personal	*Persönlich*
Printed matter	*Drucksache*
Confidential	*Vertraulich*
To be called for	*Postlagernd*
Poste restante	*Postlagernd*
Please forward	*Bitte nachsenden*
Sample	*Muster*
Fragile	*Zerbrechlich*
Postage paid	*Gebührenfrei*

Diese Hinweise stehen in der oberen linken Ecke des Umschlags.

NUN SIND SIE DRAN!

Verbinden Sie jede Anrede mit einer passenden Grußformel. Achtung: es gibt manchmal mehrere Möglichkeiten! Die Lösungen finden Sie auf Seite 129. Schlagen Sie aber nicht sofort nach!

Britisches Englisch

Anrede:	**Grußformel:**
Dear Sir/Madam	Best wishes
Dear Mr Shaw *(Geschäftspartner – formell)*	Yours faithfully
Dear Sarah *(eine Freundin)*	Regards
Dear David *(Geschäftspartner – informell)*	Yours sincerely
Dear Mrs Wilks *(Geschäftspartnerin – informell)*	Yours

Amerikanisches Englisch

Anrede:	**Grußformel:**
Dear Sir/Madam	Respectfully yours
Dear Mr Shaw *(Geschäftspartner – formell)*	Yours truly
Dear Sarah *(eine Freundin)*	All the best
Dear David *(Geschäftspartner – informell)*	Best wishes
Dear Mrs Wilks *(Geschäftspartnerin – informell)*	Regards
	Sincerely

1 RESERVIERUNGEN VORNEHMEN

Die Firma Luxiphon stellt Luxustelefone her. Herr Müller wird sie auf der Internationalen Telekommunikationsmesse in Birmingham vertreten. Er bereitet seine Reise vor.

Helfen Sie ihm, eine Hotelreservierung vorzunehmen. (Von den drei vorgegebenen Formulierungen paßt jeweils nur eine in den nebenstehenden Lückenbrief.)

(1) *Die Anrede:*
Dear Sir
To Paradise Hotel
Dear Sir/Madam

(2) *Einen Wunsch äußern:*
I require
I would like
I want

(3) *Ein Zimmer „reservieren" heißt:*
to book
to reserve
to hire

(4) *Welche ist die passende Präposition?*
in the week
during the week
for the week

(5) *„Ich benötige":*
I require
I would be interested in
It would be nice to have

(6) *Um eine Bestätigung bitten:*
I should be grateful if you would confirm
Thank you for confirming
Please confirm

(7) *Um eine rasche Antwort bitten:*
as soon as possible
very quickly
at your earliest convenience

(8) *Informationen erbitten:*
show me
give me an indication of
give me information on

(9) *„Falls kein Zimmer frei ist":*
Should you have no vacancies
If you haven't got any rooms
If there is no space left

(10) *Die Grußformel:*
Yours faithfully
Best wishes
Yours sincerely

Brief 1

Jens Müller
Magdeburger Str. 250
1000 Berlin 75

Paradise Hotel
155 Bourneville Rd
Birmingham B25 S10

4th February 19...

(1) ....,

(2) .... (3) .... a single room at your hotel (4) .... of 19th-26th February. (5) .... a room with a view of the gardens, a telephone, and a private bathroom with shower.

(6) .... my booking (7) ...., and if you could (8) .... your rates per night including breakfast.

(9) ...., please could you give me the address of a suitable hotel in the Birmingham area.

(10) ....,

J. Müller

Lösung auf Seite 129

REDEWENDUNGEN

Ein Zimmer suchen

I would like to book... .	*Ich möchte ... reservieren.*
I would be interested in booking... .	*Ich wäre daran interessiert, ... zu buchen/reservieren.*
I am writing to you (in order) to... .	*Ich schreibe Ihnen, um ... zu ... .*
I am looking for a suitable hotel near the airport.	*Ich suche ein gutes/geeignetes Hotel in Flughafennähe.*

Reservieren, buchen, mieten

to book/reserve a single/double room	*ein Einzel-/Doppelzimmer reservieren/buchen*
I would like to reserve the presidential suite.	*Ich möchte die Luxussuite reservieren.*
We have booked a table for three.	*Wir haben einen Tisch für drei Personen reservieren lassen.*
Have you reserved seats for the theatre?	*Haben Sie Plätze für das Theater reserviert?*
I would like to reserve two seats on the next flight to New York.	*Ich möchte zwei Plätze für den nächsten Flug nach New York buchen.*
to rent a flat / a room / a car	*eine Wohnung / ein Zimmer / ein Auto mieten*
to hire a car / a boat / a bicycle	*ein Auto / ein Boot / ein Fahrrad mieten*

Ein Bedürfnis oder einen Wunsch äußern

I require... .	*Ich benötige ... .*
I will/would require... .	*Ich werde/würde ... benötigen.*
I would be interested in... .	*Ich wäre an ... interessiert.*
I would be grateful for... .	*Ich wäre (Ihnen) für ... dankbar.*
I should be grateful if you would... .	*Ich wäre (Ihnen) dankbar, wenn Sie ... könnten.*
Could you supply me with...?	*Könnten Sie mir ... besorgen?*

Eine Dauer, einen Zeitraum angeben

for the week of 19th-26th February	*für die Woche vom 19. bis 26. Februar*
for the month of May	*für (den gesamten) Mai*
for five weeks as from 20th July	*für fünf Wochen, ab dem 20. Juli*
for this/next/the coming weekend	*für dieses/das nächste/das kommende Wochenende*
for the Easter/Summer holidays	*für die Oster-/Sommerferien*
from 19th to 26th February	*vom 19. bis 26. Februar*
from 2nd May onwards	*ab dem 2. Mai / beginnend am 2. Mai*

Ein Zimmer beschreiben

a room with a view	*ein Zimmer mit Ausblick*
a room which looks out onto the courtyard/garden	*ein Zimmer zum Hof/Garten hinaus*
a room which faces the sea	*ein Zimmer mit Meeresblick*
a south-facing room	*ein Zimmer nach Süden*
an air-conditioned room	*ein klimatisiertes Zimmer*

a room…	*ein Zimmer …*
with bath and shower	*mit Bad und Dusche*
with air conditioning	*mit Klimaanlage*
with a child's bed	*mit Kinderbett*
with plenty of light	*das möglichst hell ist*

Um eine Bestätigung bitten

I should be grateful if you would confirm… .	*Ich wäre Ihnen dankbar, wenn Sie (mir) … bestätigen könnten.*
Please confirm… .	*Mit der Bitte um Bestätigung … .*
I should be obliged if you would confirm this reservation.	*Ich wäre Ihnen dankbar, wenn Sie diese Reservierung bestätigen könnten.*

Um eine rasche Antwort bitten

as soon as possible	*so bald wie möglich*
by return of post	*postwendend*
at your earliest convenience	*sobald es Ihnen möglich ist (gilt als ein wenig veraltet)*

Nach dem Preis fragen

I would be grateful for an indication of your rates.	*Ich wäre Ihnen dankbar, wenn Sie mir Ihre Preise mitteilen könnten.*
I would like to know your daily/ weekly/monthly rates.	*Bitte teilen Sie mir Ihre Tarife pro Tag/Woche/Monat mit.*
Please send us your price list.	*Bitte senden Sie uns Ihre Preisliste.*
I would like to know what you charge for… .	*Was/Wieviel berechnen Sie für …?*

Welche Mahlzeiten sind inbegriffen?

including breakfast	*Frühstück inbegriffen*
evening meal included	*Abendessen inbegriffen*
full board / half board	*Vollpension / Halbpension*
Bed and Breakfast	*Zimmer mit Frühstück*
B & B and evening meal	*Zimmer mit Frühstück und Abendessen*

Falls kein Zimmer frei ist

Should you have no vacancies… .	*Sollten Sie keine Zimmer (mehr) frei haben, … .*
If you have no vacancies… .	*Wenn Sie keine Zimmer (mehr) frei haben, … .*
no vacancies	*belegt/ausgebucht*
Should you have no accommodation available… .	*Sollten Sie keine Unterbringungsmöglichkeiten (mehr) haben, … .*

ANMERKUNGEN

➔ Im Englischen kann man „reservieren“ sowohl mit **to reserve** als auch mit **to book** ausdrücken: **to reserve a table / to book a table**; **to reserve seats at the theatre / to book seats at the theatre**. Geläufiger ist jedoch **to book**, besonders in der Redewendung **to book a flight to New York** (einen Flug nach New York buchen).

➔ Merken Sie sich folgende Präpositionen:
to book a room AT your hotel;
I would be grateful FOR an indication of...;
AT your earliest convenience.

NUN SIND SIE DRAN!

In diesem Abschnitt können Sie üben, die neuen Begriffe und Wendungen zu benutzen. Fällt Ihnen keine passende Lösung ein, dann schlagen Sie hier wie in den folgenden Kapiteln noch einmal im jeweiligen Teil „Redewendungen“ nach. **Achtung**: Häufig sind mehrere Lösungen möglich und häufig steht eine Lücke für mehr als ein Wort!

• I .... to .... a car .... the month of May. I would be .... if you could send me your daily .... for a small four-seater car, and an indication .... the current prices of petrol in Spain.

• *Vervollständigen Sie folgende Zeitungsannonce:*

> **FOR RENT**
> beautiful villa on the island of Jersey.
> Four bedrooms, each .... private
> bathroom; spacious lounge which ....
> the sea; swimming pool
> with diving board.

• *Beantworten Sie jetzt die Annonce:*
Having seen your advertisement for the villa in Jersey, I .... interested .... from 1st-30th September.
Please .... at your earliest .... whether this would be possible.

• I would like .... a caravan .... the weekend. I .... grateful if you .... send some information on the different models available, as well as an .... of your .... rates.

• I am .... to you in order to .... a flight to Barbados .... 10th July. I will be travelling with my wife and two children, and therefore will .... four seats. We .... to travel first class. I should be .... if you would confirm the booking as .... possible, as I must also make arrangements to .... a car for our stay.

LERNTIPS

→ Notieren Sie nun die Wörter und Ausdrücke, die Ihnen besonders wichtig erscheinen. Welche waren Ihnen neu?

→ Auch wenn Sie nicht alles im Detail verstanden haben: Gehen Sie nach einiger Zeit zum nächsten Kapitel über, denn etwaige Unklarheiten lösen sich von selbst, wenn Sie etwas weiter sind.

2 TERMINE VEREINBAREN

GESCHÄFTLICHE TERMINE

Einer der wichtigsten Kunden von Luxiphon ist in Birmingham ansässig, und Herr Müller möchte in dieser Firma die neuesten Telefonmodelle präsentieren. Er will deshalb mit Frau Angela Johnson, seiner Kontaktperson innerhalb dieser Firma, einen Termin ausmachen.

Helfen Sie ihm, einen Geschäftstermin zu vereinbaren:

(1) *Die Anrede:*
Dear Sir/Madam
To whom it may concern
Dear Mrs Johnson

(2) *Sich auf einen vorausgegangenen Brief beziehen:*
As mentioned in
With reference to
In view of

(3) *„Ich habe vor, (am ... in ...) zu sein“:*
I should be
I am planning to be
I hope to be

(4) *Die Aufmerksamkeit des Lesers erregen:*
You may be conscious
You may be interested to know
You must know

(5) *Welches Pronomen steht für die Firma?*
I have recently
we have recently
they have recently

(6) *Einen Vorschlag machen:*
May I suggest
How about
I propose

(7) *Eine negative Vermutung äußern:*
Should this not be
If this is not
In case this is not

(8) *Um eine Bestätigung bitten:*
please confirm
you should confirm
would you kindly confirm

(9) *„stehe ich Ihnen (gern) zur Verfügung“:*
I remain at your disposal
I am available
please do not hesitate to contact me

Brief 2

(1) ....,

(2) .... my letter of January 12th,
(3) .... in Birmingham next week for the International Telecommunications Fair. (4) .... that
(5) .... brought out a number of new models, and I would have great pleasure in demonstrating them to you at some point during the week. (6) .... Tuesday 18th at 4 o'clock at your office?
(7) .... convenient, you might like to propose an alternative arrangement. (8) .... this appointment as soon as possible.
Should you have any further queries regarding our products,
(9) ....
I look forward to our next meeting.

Yours sincerely,

Jens Müller
Export Manager

Lösung auf Seite 129

PRIVATE TERMINE

Herr Müller erinnert sich, daß sein alter Freund George Grayson in Birmingham wohnt, und beschließt, ihn auf seiner Reise zu besuchen. Er kündigt ihm seinen Besuch an und schlägt auch schon einen Termin vor.

Helfen Sie ihm, einen Brief mit einem Terminvorschlag vorzubereiten und benutzen Sie jeweils einen der folgenden Begriffe. (Vergessen Sie dabei nicht, daß es sich um einen privaten Termin handelt!)

(1) *Die Anrede:*
Dear Mr Grayson
Dear Sir
Dear George

(2) *„Ich werde voraussichtlich sein“:*
I will be
I am due to be
I am willing to be

(3) *„Geschäftlich“:*
on business
for business
to do business

(4) *Welche ist die richtige Verbform?*
we could meet
we have met
we would meet

(5) *Etwas vorschlagen:*
Maybe
How about
May I suggest

(6) *Mit oder ohne Präposition?*
Tuesday
the Tuesday
on Tuesday

(7) *Ob „es Ihnen paßt“:*
this is convenient for you
this suits you
this is comfortable for you

(8) *Etwas anderes vereinbaren:*
come to some other arrangement
come to an agreement
do something else

(9) *Der Schlußsatz:*
I look forward to
Looking forward to
I hope to

(10) *Die Grußformel:*
Yours sincerely
Regards
With best wishes

Brief 3

(1) ....,

(2) .... in Birmingham next week (3) ...., and I was wondering if (4) .... somewhere for dinner; it seems such a long time since we last saw each other.
(5) .... the White Horse Inn (6) .... at 8?

Let me know during the week whether (7) ....
If you cannot make it maybe we can (8) ....

(9) .... seeing you again!

(10) ....,

Jens

Lösung auf Seite 130

REDEWENDUNGEN

Sich auf einen vorausgegangenen, formellen Brief beziehen

As mentioned in my letter of... .	*Wie in meinem Brief vom ... erwähnt, ...*
With reference to my letter of... .	*Bezüglich meines Briefes vom ... .*
We refer to our letter of... .	*Wir beziehen uns auf unseren Brief vom ... .*

Ein Projekt oder Vorhaben ankündigen

I am due to / I am to... .	*Ich habe vor / Ich muß ... .*
I am planning to... .	*Ich plane / Ich habe vor, ... zu ... .*
I am likely to... .	*Wahrscheinlich werde ich ... .*
I hope to... .	*Ich hoffe / Ich habe vor, ... zu ... .*
I intend to... .	*Ich habe vor, ... zu ... .*

Auf etwas aufmerksam machen

You may be interested to know that... .	*Vielleicht interessiert es Sie, daß ... .*
You may be aware that... .	*Es wird Ihnen nicht entgangen sein, daß ... .*
It may have come to your attention that... .	*Sie werden bemerkt haben, daß ... .*
We are pleased to inform you that... .	*Wir freuen uns, Ihnen mitteilen zu können, daß ... .*

Eine negative Vermutung äußern

formell:

Should this not be convenient (for you)... .	*Sollte (Ihnen) das nicht möglich sein, ...*
Should you be unavailable at this time... .	*Sollten Sie zu diesem Zeitpunkt verhindert sein, ...*

weniger formell:

If this is not convenient/suitable for you... .	*Wenn Ihnen das nicht möglich ist, ...*
If this does not suit you... .	*Wenn das Ihnen nicht gelegen ist, ...*
If this does not fit in with your plans/schedule... .	*Wenn es nicht in Ihren Zeitplan paßt, ...*

Eine Dienstleistung anbieten

I would be pleased to… .	*Ich wäre erfreut, … .*
I would be grateful/glad for… .	*Ich wäre (Ihnen) dankbar für … .*
I would gladly… .	*Ich würde gern … .*

Um eine Bestätigung oder Antwort bitten

formell:

Would you kindly confirm/reply… .	*Würden Sie bitte freundlicherweise … bestätigen/beantworten.*
I would be obliged/grateful if you would confirm… .	*Ich wäre Ihnen sehr dankbar/verbunden, wenn Sie … bestätigen/beantworten könnten … .*
Please confirm whether/if… .	*Bitte bestätigen Sie, ob … .*
Please inform me… .	*Bitte teilen Sie mir mit … .*

informell:

Let me know whether/if… .	*Lassen Sie mich wissen, ob … .*
Tell me whether/if that is O.K. with you.	*Teilen Sie mir mit, ob das in Ordnung geht.*

Kontakte pflegen

formell:

Please do not hesitate to contact us should you have any further queries / require any further information.	*Sollten Sie weitere Fragen haben / weitere Informationen benötigen, zögern Sie nicht, sich an uns zu wenden.* Oder: *Für weitere Auskünfte stehen wir Ihnen selbstverständlich jederzeit zur Verfügung.*
We look forward to hearing from you.	*Wir hoffen, bald wieder von Ihnen zu hören.*

informell:

(I am) Looking forward to seeing you.	*Ich freue mich darauf, Dich/Sie zu sehen/zu treffen.*
I can't wait to see you.	*Ich kann es kaum erwarten, Dich zu sehen.*

ANMERKUNGEN

→ In den Sätzen **I am planning to be in Montreal next week** und **I am travelling to China next month** bezieht sich das Präsens auf eine Handlung in der Zukunft.

→ Merken Sie sich die Präpositionen: **ON Tuesday, AT 4 o'clock**.

→ Bis auf ganz wenige Ausnahmen, wie z. B. im Flugverkehr oder in militärischen Bereichen, wird die Uhrzeit im Englischen immer nur im 12-Stundenrhythmus angegeben. Um Mißverständnisse auszuschließen, wird der Uhrzeit von 0 bis 12 Uhr ein **a.m.** (Lateinisch für „ante meridiem" = vor dem Mittag), von 12.01 bis 23.59 Uhr ein **p.m.** (Lateinisch für „post meridiem" = nach dem Mittag) hinzugefügt. 12 Uhr ist **(12 o'clock) noon**, 24 Uhr heißt **(12 o'clock) midnight**.

→ Beachten Sie den Bedeutungsunterschied zwischen den beiden abschließenden Sätzen:
I look forward to our next meeting. In einem Geschäftsbrief = „sich freuen auf" plus Substantiv.)
(I am) LookING forward to seeING you again! (In einem persönlichen, emotionaleren Brief = „sich freuen auf" plus Verb plus -ING.)

→ Unterscheiden Sie zwischen **if** und **whether**. Auch wenn sie oft die gleiche Bedeutung haben, so existiert doch in bestimmten Fällen ein feiner Unterschied: **whether** = ob (läßt eine Alternative offen), **if** = falls, ob (formuliert eine Bedingung).

→ Beachten Sie auch, wie man sich auf das Datum eines Schreibens bezieht:
my letter of 12th January
my letter of January 12
my letter dated January 12th

NUN SIND SIE DRAN!

Formelle Briefe:

• .... reference .... my letter .... April 12th, I am .... in London next week. I would like to .... the opportunity to present our new catalogue. .... I suggest 5th May ....3 p.m. Should you be .... on this date, you might like to propose an alternative arrangement.

• I .... to travel to Kent .... 15th March. The purpose of my trip .... to visit our factory in the region. I hope to .... pleasure .... meeting you during my stay. I .... suggest 17th March .... 5 o'clock at your office. .... confirm if you .... available at this time.

Informelle Briefe:

• I am .... to be in Somerset in June .... the Flower Festival. I was .... if we could meet somewhere .... lunch. .... the Bull Inn on Friday .... 2 p.m.?

• I .... to be travelling to Dhaka next Monday. .... if we could meet there .... the evening. I would .... the Hilton Hotel .... 7 p.m. in the lobby.

• *Sie möchten demnächst nach London fliegen. Informieren Sie Ihren Freund William über Ihre bevorstehende Reise. Teilen Sie ihm mit, daß Sie ihn gerne am Montag, dem 8. März um 21 Uhr vor „Victoria Station" treffen würden.*

3 RESERVIERUNGEN BESTÄTIGEN

Herr Müller erhält vom Hotel die Bestätigung seiner Zimmerreservierung.

Rekonstruieren Sie den Antwortbrief des Hotels mit Hilfe folgender Elemente:

(1) *Die Anrede:*
Dear Jens
Dear Mr Müller
Dear Sir/Madam

(2) *Den Erhalt des Briefes bestätigen:*
Thank you for your letter
Thanks a lot for your letter
We are in reception of your letter

(3) *An den Inhalt des Briefes erinnern:*
requesting us to book
demanding a booking for
asking for a reservation for

(4) *Welche ist die richtige Verbform?*
I have reserved
I would have reserved
I am reserving

(5) *Welche ist die korrekte Präposition?*
for the period
on the period
at the period

(6) *Ich „wäre Ihnen dankbar":*
should be grateful
should recognise you
should be pleased

(7) *Eine Anzahlung leisten:*
forward a deposit
send a guarantee
enclose a fine

(8) *(Die Reservierung) bestätigen:*
to confine
to restrict
to confirm

(9) *„(Wir) freuen (uns) auf":*
look forward to
can't wait to
look after

(10) *Die Grußformel:*
Yours faithfully
Yours sincerely
Best regards

Brief 4

(1) ....,

(2) .... of 4th February (3) .... a single room with bath and shower and a view of the gardens.

(4) .... the accommodation you describe (5) .... you require, and (6) .... if you would (7) .... of £20 as soon as possible (8) .... the reservation.

We (9) .... your stay with us.

(10) ....,

Marion Hunter

Marion Hunter
Reservations Manager

Lösung auf Seite 130

Im Falle eines negativen Bescheids vom Hotel wird der erste Absatz, in dem auf die Anfrage Bezug genommen wird, wahrscheinlich identisch sein. Vervollständigen Sie den zweiten Teil des Briefes mit Hilfe folgender Begriffe:

(1) *Mitteilen, daß das Hotel belegt ist:*
we are overbooked
we are fully booked
we are full

(2) *Einen Vorschlag machen:*
we may suggest
we are able to recommend
we propose

(3) *Eine kleine Unannehmlichkeit mitteilen:*
it has the disadvantage
it has the serious problem
it has the slight inconvenience

(4) *Sich einer Sache sicher sein:*
no doubt
I am confident
I am certain

(5) *Den Kunden zufriedenstellen:*
to your total satisfaction
quite satisfactory
not bad

(6) *„Zu Ihrer Verfügung“:*
at your disposition
at your convenience
at your service

Brief 5

Dear Mr Müller,

Thank you for your letter of 4th February requesting us to book a single room with bath and shower and a view of the gardens.

Unfortunately (1) .... for the period you require because of the International Telecommunications Fair. However, (2) .... an alternative hotel, also a member of the Palace chain of hotels. Although (3) .... of being located on the outskirts of the city, (4) .... you will find the hotel (5) .... and its surroundings most pleasant. The address to which to write is :
Regency Hotel, 182 Brompton Road, Birmingham.

We remain (6) .... for any future reservations you might wish to make.

Yours sincerely,

Marion Hunter

Marion Hunter
Reservations Manager

Lösung auf Seite 130

REDEWENDUNGEN

Den Eingang eines Briefes bestätigen

Thank you for your letter of... in which you request us to... .	*Vielen Dank für Ihren Brief vom ..., in dem Sie uns bitten, ... zu ... .*
In reply to your letter of... .	*Als Antwort auf Ihren Brief vom ... .*
With reference to your enquiry of... .	*Bezüglich Ihrer Anfrage vom ... .*

Eine Reservierung bestätigen

We write to confirm your telephone call this morning in which you requested us to book two business class seats on the next flight to Tokyo. Enclosed are the tickets and invoice.	*Hiermit bestätigen wir Ihren Anruf von heute morgen, in dem Sie uns baten, zwei Business-Class-Plätze für den nächsten Flug nach Tokyo zu buchen. Flugickets und Rechnung liegen bei.*

This is to confirm our telephone conversation of… in which I booked a double room and two single rooms for four nights in the name of Mr. Hamilton. Enclosed is a cheque for £20 to cover the deposit. — *Hiermit bestätige ich unser Telefonat vom …, in dem ich ein Doppel und zwei Einzelzimmer für 4 Nächte auf den Namen Hamilton bestellt habe. Beiliegend ein Scheck über £20 als Anzahlung.*

I have reserved the accommodation you describe for the week 5th-12th January. — *Ich habe die von Ihnen benannte Unterkunft für die Woche vom 5. bis 12. Januar gebucht.*

We write to confirm availability of an estate car for the period 4th-25th August. Please find enclosed our current rates and conditions of hire. — *Hiermit bestätigen wir, daß für die Zeit vom 4. bis 25. August ein Kombiwagen verfügbar ist. Beiliegend finden Sie unsere aktuellen Tarife und Mietbedingungen.*

We are pleased to confirm your reservation of a holiday villa from 1st-30th June inclusive. We enclose a short description of how to reach the holiday complex. — *Wir freuen uns, Ihre Reservierung einer Ferienvilla vom 1. bis 30. Juni bestätigen zu können. Wir fügen eine kurze Wegbeschreibung zu unserer Ferienanlage bei.*

Eine Reservierung ablehnen

We regret to inform you that we are fully booked throughout the month of May. — *Wir bedauern, Ihnen mitteilen zu müssen, daß wir im gesamten Monat Mai ausgebucht sind.*

Unfortunately there are no seats left for Saturday evening's performance of „The Tempest". — *Leider gibt es am Samstag für die Abendaufführung von „The Tempest" keine Karten mehr.*

I am afraid there are no more places available for next weekend's trip to Amsterdam. — *Leider sind für die Reise nach Amsterdam am kommenden Wochenende keine Plätze mehr frei.*

We regret to inform you that we have no estate cars available for the weekend of 4th-7th July. — *Wir bedauern, Ihnen mitteilen zu müssen, daß wir für das Wochenende vom 4. bis 7. Juli keine Kombiwagen mehr zur Verfügung haben.*

Eine Alternative vorschlagen

May I suggest you contact the Sunrise Hotel (address below) who may be able to offer you suitable accommodation for the period you require. — *Ich schlage Ihnen vor, sich an das Sunrise Hotel zu wenden (Adresse s. u.), das Ihnen vielleicht eine adäquate Unterkunft für die gewünschte Zeit anbieten kann.*

We can, however, offer you five seats for the matinee on Saturday.

Wir können Ihnen jedoch fünf Plätze für die Nachmittagsvorstellung am Samstag anbieten.

May I suggest that in future you book at least one month in advance, as this is a very popular excursion.

Ich rate Ihnen, künftig mindestens einen Monat im voraus zu buchen, da diese Rundfahrt sehr beliebt ist.

We suggest you contact one of the other branches in the area who may be able to help you.

Wir schlagen Ihnen vor, sich an eine andere Agentur in der Gegend zu wenden, die Ihnen möglicherweise weiterhelfen kann.

ANMERKUNGEN

➔ Das Hotel hätte auch einfach mit dem Satz **We write to confirm** antworten können: **Thank you for your letter of... . We write to confirm your reservation of a single room... .**

➔ Beachten Sie, daß zwischen **week** und dem Datum kein „of“ steht.

➔ Vorsicht: Man sagt a **view OF** für „mit Blick auf“, aber **a room with A view** für „ein Zimmer mit Aussicht“.

NUN SIND SIE DRAN!

• We .... to inform you .... there are no bicycles .... for the period you require. We .... you contact the Cambridge Bicycle Centre who .... to help you.

• I write .... your reservation .... three first class seats on Friday's flight .... Bangkok, arriving on 30th July. Please find enclosed your tickets and our invoice.

• .... for your letter of 7th May. We are .... to confirm your reservation .... a yacht .... 4th June - 3rd July. Enclosed are our charges and our conditions of hire.

• With reference .... telephone conversation of 13th April, we are pleased .... your reservation .... package tour to India .... two people.

4 TERMINE BESTÄTIGEN

EINEN TERMINVORSCHLAG ANNEHMEN

Die beiden Personen, mit denen sich Herr Müller während seines Aufenthaltes in Birmingham treffen möchte, können den Termin wahrnehmen.

Rekonstruieren Sie Frau Johnsons Zusage mit Hilfe folgender Redewendungen:

(1) *Die Anrede:*
Dear Mr Müller
Dear Sir/Madam
Dear Jens

(2) *Sich bedanken:*
Thanks a lot
Thank you
I am most grateful

(3) *Bestätigen:*
I would like to confirm
I agree
I give confirmation

(4) *Zur Verfügung stehen:*
will be available
am ready
will be disposable

(5) *Welche Präposition ist richtig?*
on my office
at my office
in my office

(6) *Die Uhrzeit bestätigen:*
at the hour you suggest
any time you like
at the time you propose

(7) *Die Grußformel:*
Yours sincerely
Regards
Yours faithfully

Brief 6

ELECTRON Ltd. | **25 St James Street**
Birmingham B25 8HO

Mr J. Müller
Luxiphon
Magdeburger Str. 250
1000 Berlin 75

13th February 19...

Your ref.: JM/RJ
Our ref.: AJ/PW

1) ....,

(2) .... for your letter of 10th February.
(3) .... that I (4) .... to see you
(5) .... on Tuesday 18th (6) ....

(7) ....,

Angela Johnson

Lösung auf Seite 130

EINEN TERMIN VERSCHIEBEN

Wie würde Frau Johnson das Schreiben formulieren, falls sie den Termin absagen müßte?

(1) *Bedauern ausdrücken:*
I am regretful
I regret
sorry

(2) *Nicht zur Verfügung stehen:*
I shall not be disposed
I shall not be available
I shall not be disposable

(3) *„Wegen“:*
owing to
owing at
owed of

(4) *Einen Vorschlag machen:*
my proposal is
it is my suggestion
may I suggest

(5) *Einen Termin verschieben:*
adjourn the meeting
postpone the appointment
put off the interview

(6) *Welche Präposition ist richtig?*
on the same time
at the same time
in the same time

(7) *Umgehende Antwort erhalten:*
receiving an early confirmation
receiving a reply quickly
your rapid response

Brief 7

Dear Mr Müller,

With reference to your letter of 10th February, (1) .... to inform you that (2) .... to meet you on Tuesday 18th February (3) .... a company meeting. However, (4) .... we (5) .... to the following day (6) ....

I look forward to (7) ....

Yours sincerely,

Angela Johnson

Angela Johnson

Lösung auf Seite 131

Vergleichen Sie Frau Johnsons Antwort mit der von George, die in einem ganz anderen Stil gehalten ist:

Brief 7a

Dear Jens,

Thanks a lot for your letter. It would be lovely to see you when you come over to Birmingham next week. The White Horse Inn sounds an excellent idea. Tuesday at 8 is fine by me. I've invited some friends to come along too.

Best wishes,

George

REDEWENDUNGEN

Sich auf einen vorausgegangenen Brief beziehen

informell:

Thanks a lot for your letter.
Danke für Deinen Brief.

formell:

Thank you for your letter of... .
Vielen Dank für Ihren Brief vom ...

With reference to your letter of... .
Wir beziehen uns auf Ihren Brief vom ... .

Einen Termin bestätigen

informell:

It would be lovely to see you.
Es wäre schön, Dich (wieder)zusehen.

That sounds an excellent idea.
Das klingt gut / Das ist eine gute Idee.

Monday at 3 is fine by me.
Montag um 3 (Uhr) paßt mir.

formell:

I would like to confirm (that I will be available to see you / have dinner with you / meet you).
Ich möchte hiermit bestätigen, (daß ich für einen Termin mit Ihnen / für ein Abendessen mit Ihnen / für ein Treffen mit Ihnen zur Verfügung stehe).

I should like to confirm our meeting / our appointment.
Ich möchte unser Treffen / unseren Termin (hiermit) bestätigen.

This is to confirm the appointment we made on... .
Hiermit bestätige ich den Termin, den wir am ... festgelegt hatten.

Einen Termin absagen/verlegen

informell:

I'm afraid I won't be able to come, as I have something else on.
Leider werde ich nicht kommen können, da ich etwas anderes vorhabe.

Sorry, but I am busy on that day. How about the week after?
Tut mir leid, aber an dem Tag habe ich keine Zeit. Wie wär's denn die Woche darauf?

formell:

I regret to inform you that... .
Ich bedaure, Ihnen mitteilen zu müssen, daß ... .

I am unavailable on that day; I suggest we postpone the meeting to the following week.

An dem (fraglichen) Tag habe ich keine Zeit. Ich schlage vor, das Treffen auf die darauffolgende Woche zu verlegen.

I am afraid that I am obliged to change the date of our meeting, due to a problem with... .

Leider bin ich wegen eines Problems mit ... gezwungen, den Termin unseres Treffens zu verlegen.

Unfortunately, I will be out of the country for two weeks; may I suggest I get in touch with you on my return to arrange another appointment.

Leider werde ich für zwei Wochen außer Landes sein und möchte deshalb vorschlagen, daß ich mich nach meiner Rückkehr wegen eines neuen Termins bei Ihnen melde.

I wonder if I might ask you to postpone the meeting to 4 o'clock on the same afternoon.

Dürfte ich Sie bitten, das Treffen auf 4 Uhr am selben Nachmittag zu verlegen?

I apologize for the inconvenience.

Für etwaige Ungelenheiten möchte ich mich entschuldigen.

Einen Termin absagen

informell:

I'm afraid I won't be able to make it after all.

Ich fürchte, ich werde es doch nicht schaffen.

Sorry, but I will have to cancel lunch on Thursday as I have an important meeting.

(Es) Tut mir leid, aber wegen eines wichtigen Termins muß ich das Mittagessen am Donnerstag absagen.

formell:

Much to my regret, I am forced to cancel our forthcoming meeting owing to a problem which has arisen in our Leipzig office.

Zu meinem (größten) Bedauern bin ich gezwungen, unser geplantes Treffen abzusagen, da in unserem Leipziger Büro ein Problem aufgetaucht ist.

I am afraid I will not be able to keep the appointment I made for Tuesday 5th January, owing to... .

Leider werde ich wegen ... nicht in der Lage sein, den Termin einzuhalten, den ich für Dienstag, den 5. Januar vereinbart habe.

I apologize for the inconvenience this must cause you.

Ich entschuldige mich für die Unannehmlichkeiten, die Ihnen hierdurch entstehen.

ANMERKUNGEN

➔ Beachten Sie den Gebrauch des Präsens, um über eine Handlung in der Zukunft zu sprechen: **I am unavailable on that day**.

➔ Eine Begründung muß nicht immer mit **BECAUSE** formuliert werden; einfacher ist es oft, **OWING TO** + Substantiv oder **AS** + Aussagesatz zu benutzen:
owing to a meeting = wegen eines Termins
as I have a meeting = da ich einen Termin habe

➔ Merken Sie sich die Präpositionen in folgenden Redewendungen:
Tuesday is fine BY me: Dienstag paßt mir
Much TO my regret: Zu meinem (größten) Bedauern

NUN SIND SIE DRAN!

• I am .... I won't be able to make it .... the theatre on Friday as I have .... on.

• With reference to your letter .... 6th March, I .... to confirm that I shall be .... to meet you .... 20th May to discuss a possible partnership.

• Much .... I am obliged to cancel our .... meeting, ... a sudden illness. I .... for any .... caused, and I shall inform you as soon as possible to .... another meeting.

• In reply to your letter .... 20th January, I should .... pleased to meet you .... Friday, but .... prefer it if the meeting could be postponed to take place later in the afternoon.

• *Sie schreiben einem Freund, um das für kommenden Donnerstag geplante Frühstück abzusagen, da Sie auf eine Geschäftsreise gehen müssen. Sie entschuldigen sich und schlagen vor, das Frühstück auf den darauffolgenden Dienstag zu verlegen.*

5 INFORMATIONEN EINHOLEN

UNTERLAGEN ANFORDERN

Die Internationale Messe für Telekommunikation brachte hervorragende Ergebnisse. Herr Müller bekommt zahlreiche Anfragen von interessierten Kunden, die Unterlagen und genauere Angaben zu Luxiphon-Produkten anfordern.

Rekonstruieren Sie den Brief eines Interessenten mit Hilfe nachstehender Ausdrücke:

(1) *Die Anrede:*
Dear Sir
Dear Jens
Dear Mr Müller

(2) *Welche ist die richtige Verbform?*
Having recently visited
I was recently visiting
I will visit

(3) *Interesse zeigen:*
I was amazed
I was interested to see
I was delighted to know

(4) *Die Firma und ihre Produkte vorstellen:*
We are importers of
We are a supplier of
I am a supply company of

(5) *Einen expandierenden Markt beschreiben:*
there are good possibilities
there is a promising market
there is plenty of demand

(6) *Etwas anfordern:*
We want
Could you please send
Thank you for sending

(7) *„Sowohl ... als auch“:*
as well as
and
and also

(8) *„Ein Exemplar“ (eines Katalogs):*
an example
a selection
a copy

(9) *„Wir freuen uns auf / In Erwartung“:*
Thank you for
We hope for
We look forward to

Brief 8

MATTHEWS & SONS 7 Banbury Avenue
Sydney · Australia

The Export Manager
Luxiphon
Magdeburger Str. 250
1000 Berlin 75

2nd March 19...

Ref.: HP/RW

(1) ....,

(2) .... your stand at the International Telecommunications Fair in Birmingham, (3) .... that you produce some very innovative designs of luxury telephones.
(4) .... quality electrical and office machinery, and feel
(5) .... here for your type of product.
(6) .... further details on your '20s style and pyramidal models, (7) .... (8) .... of your current catalogue showing prices and colour ranges if possible.
(9) .... an early reply.

Yours faithfully,

Harold Percy

Harold Percy
General Manager

Lösung auf Seite 131

SONDERWÜNSCHE ÄUSSERN

Herr Müller erhält auch einen ungewöhnlichen Brief: ein arabischer Scheich möchte wissen, ob Luxiphon goldene Telefone herstellt und ob es darüber hinaus möglich ist, den Hörer mit Brillanten zu besetzen ...

Setzen Sie mit Hilfe folgender Elemente den Brief des Scheichs auf:

(1) *Sich auf einen vorhergehenden Kontakt beziehen:*
We met at
Having recently visited your stand at
Having talked to you at

(2) *Interesse zeigen:*
I was overwhelmed by
I was very impressed with
I liked the green model best of

(3) *Sich nach einem Produkt erkundigen:*
Do you do
I would like information on
I would be interested to know whether you produce

(4) *„Darüber hinaus":*
Furthermore
However
On the other hand

(5) *Eine Auskunft einholen:*
I wanted to enquire whether
I want to know whether
I want to know if

(6) *„Sollten Sie unseren Wünschen nachkommen können":*
If you can do what I want
Should you be able to satisfy these requirements
If this is O.K. by you

Brief 9

Dear Sir,

(1) .... the International Telecommunications Fair in Birmingham, (2) .... your company's original designs and variety of models.

(3) .... a gold-coloured version of model number 36. (4) ...., (5) .... it would be possible for your company to manufacture them with several small diamonds inlaid in the receiver.

(6) ...., please inform my secretary at the above address as soon as possible, so that we can proceed with the appropriate arrangements.

Yours faithfully,

Sheik Malik

Sheik Malik

Lösung auf Seite 131

REDEWENDUNGEN

Auf erste Kontakte oder Werbeanzeigen Bezug nehmen

Having recently visited… .	*Als ich vor kurzem … besuchte, … .*
Having recently attended… .	*Als ich kürzlich an … teilnahm, … .*
I recently visited… .	*Kürzlich besuchte ich … .*
After having visited… .	*Nachdem ich … besuchte, … .*
I am writing to ask for details on… as advertised in "The Times" on Tuesday 26th August.	*Bitte schicken Sie mir detaillierte Angaben über …, wie in Ihrer Anzeige in „The Times" vom Dienstag, dem 26. August beschrieben.*
I was given your name by Mr… .	*Herr … nannte mir Ihren Namen.*

Interesse an etwas Bestimmtem äußern

I was very impressed with… .	*Ich war sehr beeindruckt von … .*
I greatly admire… .	*Ich bewundere … sehr.*
I was interested to see/hear/know that… .	*Es interessierte mich zu sehen/hören/erfahren, daß … .*
We are interested in… .	*Wir sind an … interessiert.*
We are looking for potential suppliers of… .	*Wir suchen nach möglichen/potentiellen Lieferanten für … .*

Einen potentiellen Markt aufzeigen

There are good opportunities for this product.	*Dieses Produkt hat gute Perspektiven.*
There is a promising market for… .	*Für … existiert ein vielversprechender Markt.*
There is a good potential for… .	*… ist sehr entwicklungsfähig.*
There is much demand for… .	*Es herrscht große Nachfrage nach … .*
There is a brisk trade in… .	*(Auf dem Gebiet von) … existiert ein lebhafter Handel.*
More and more of our regular customers are showing an interest in this type of product.	*Eine ständig wachsende Zahl unserer Stammkunden zeigt ihr Interesse an diesem Produkt(typ).*

Unterlagen, Informationen usw. anfordern

Could you please send… .	*Könnten Sie (uns) bitte … schicken.*
Would you kindly send… .	*Würden Sie (uns) freundlicherweise … schicken.*
We would be grateful for… .	*Wir wären für … dankbar.*

We would like… .	*Wir hätten gern … .*
some information on…	*Informationen über …*
a quotation for…	*einen Kostenvoranschlag über …*
some documentation on…	*Unterlagen über …*
further details about/on…	*weitere Informationen über …*
samples of…	*Muster/Proben von … (oder: -muster/-proben)*
prices for…	*die Preise für …*

Auskünfte einholen

Could you tell me if… ?	*Könnten Sie mir sagen, ob … ?*
I would like to inquire if/whether… .	*Ich möchte nachfragen, ob … .*
I would be interested to know whether… or… .	*Ich wüßte gern, ob … oder … .*

Den Inhalt der Unterlagen genau angeben

a catalogue	*ein Katalog*
a leaflet	*eine Broschüre*
a quotation	*ein Kostenvoranschlag*
an estimate	*eine Schätzung*
with prices	*mit Preisen*
including pictures and samples	*mit Abbildungen und Mustern*
showing prices and colour ranges	*mit Preisen und Farbskalen*
with an indication of prices	*mit Preisangabe*

Fracht- und Versicherungskosten erfragen

Please let us know the current freight rate for air/sea/rail/road transport.	*Bitte nennen Sie uns die derzeitigen Kosten für Luft-/See-/Schienen-/Straßenfracht.*
We should be grateful if you would quote us your lowest rate for the despatch of… from Berlin to New York by air.	*Wir wären dankbar, wenn Sie uns Ihre niedrigsten Luftfrachtkosten für … von Berlin nach New York nennen könnten.*
Could you please quote charges for shipment and insurance of a consignment of books measuring 2m by 1m and weighing 200 kilos?	*Könnten sie uns bitte die Kosten für Verschiffung/Transport und Versicherung einer Büchersendung mit den Maßen 2 x 1m und einem Gewicht von 200kg geben?*

Zusätzlich um etwas bitten

Furthermore, I would like… .	*Darüber hinaus hätte ich gern … .*
In addition I would like… .	*Zusätzlich hätte ich gern … .*
I would also like… .	*Ich hätte außerdem gern … .*

Besides the telephones, I would like... .	*Außer den Telefonen hätte ich gern ... .*
as well as a catalogue...	*neben einem Katalog ...*
together with...	*zusammen mit ...*
in addition to...	*zusätzlich zu ...*

Nach Zusatzleistungen fragen

I wanted to enquire whether your company could... .	*Ich hätte (gern) gewußt, ob Ihre Firma ... könnte.*
Would it be possible for your company to... ?	*Wäre es Ihrer Firma möglich, ... ?*
Could/Would your company be able to... ?	*Könnte/Wäre Ihre Firma in der Lage ... ?*

Anforderungen oder Wünschen entsprechen

satisfy these requirements	*diesen Anforderungen entsprechen*
fulfil these requirements	*diese Anforderungen erfüllen*
cater to my needs	*meine Bedürfnisse befriedigen*

Um eine Antwort bitten

Please inform my secretary... .	*Bitte informieren Sie meine Sekretärin ... .*
Please get in touch with... .	*Bitte nehmen Sie mit ... Kontakt auf.*
Please contact... .	*Bitte kontaktieren Sie ... .*
We look forward to an early reply.	*Wir freuen uns auf Ihre baldige Antwort.*
We look forward to receiving your catalogue/quotation as soon as possible.	*Wir freuen uns auf die schnellstmögliche Zusendung Ihres Katalogs/Kostenvoranschlags.*
Please reply as soon as possible / without delay.	*Bitte antworten Sie so schnell wie möglich / umgehend.*
Please send your reply to... .	*Bitte senden Sie Ihr Antwortschreiben an ... .*
Please reply by return of post.	*Bitte antworten Sie möglichst umgehend.*

Schlußformeln

Please do not hesitate to contact us.	*Bitte zögern Sie nicht, sich mit uns in Verbindung zu setzen.*
Please do not hesitate to let us know if we can be of any further help.	*Bitte zögern Sie nicht, uns mitzuteilen, ob wir Ihnen weiterhelfen können.*

We thank you in advance for any information you can provide.

Wir danken Ihnen im voraus für alle Informationen, die Sie uns zur Verfügung stellen.

ANMERKUNGEN

➔ Beachten Sie: **SHOULD you be able to satisfy...** (sollten Sie in der Lage sein, ... zu erfüllen) ist bei weitem höflicher als „IF you ARE able to satisfy" (wenn Sie ... erfüllen können).

➔ Beachten Sie folgende Präpositionen:
to be impressed WITH: beeindruckt sein von
to place an order FOR: eine Bestellung / einen Auftrag erteilen für/über
AS well AS: sowohl ... als auch
in addition TO: zusätzlich zu

➔ **Besides** (neben/außer) wird ohne Präposition und am Satzanfang benutzt: **Besides the catalogue, I would like a number of samples**.

NUN SIND SIE DRAN!

• Having .... visited your factory, ... very impressed with your manufacturing procedures. .... be interested to know .... you produce smaller sizes of model number 2. I would like to .... 500 pairs .... sunglasses of model No. 546. .... satisfy these requirements, please .... secretary at the .... address.

• Having .... your stand .... the trade fair, I would .... details about your telephones, model No. 99. Please .... me .... my office under this number.

• We are wholesalers in the tea trade, and we .... some information .... the types of tea you produce. Would you .... send .... your latest catalogue .... prices, as well as a selection of samples.

• *Die folgende Annonce weckt Ihr Interesse. Fordern Sie Unterlagen und Muster an:* WE MANUFACTURE EXQUISITE COUNTRY PERFUMES MADE EXCLUSIVELY FROM NATURAL INGREDIENTS. CONTACT US FOR A FREE CATALOGUE AND SAMPLES.

6 BESTELLUNGEN AUFGEBEN

Einige Kunden geben Bestellungen für besondere Telefonmodelle auf, nachdem sie von Herrn Müller Kostenvoranschläge erhalten haben.

Setzen Sie mit Hilfe folgender Begriffe die Bestellung auf der nächsten Seite auf:

(1) *Die Anrede:*
Dear Jens
Dear Sir/Madam
Dear Mr Müller

(2) *Den Erhalt des Kostenvoranschlags bestätigen:*
Thanks a lot for your quotation
Thank you for your quotation
We are in receipt of your quotation

(3) *„Eine Bestellung aufgeben“:*
giving an order
placing an order
ordering

(4) *Um eine Auftragsbestätigung bitten:*
Please acknowledge
We would be grateful for your acknowledgement
You will have acknowledged

(5) *„ordnungsgemäß unterzeichnet“:*
as signed
to be signed
duly signed

(6) *Die Grußformel:*
Yours sincerely
With best wishes
Yours faithfully

TELEWARES

55 HAMPTON ROAD • GUILDFORD • SURREY PQ55 6TO

Mr J. Müller
Export Department
Luxiphon
Magdeburger Str. 250
1000 Berlin 75

6th March 19...

(1) ....,

(2) .... of March 1st. We have pleasure in
(3) .... with you for the following:

QUANTITY	NAME	MODEL	COLOUR	PRICE
50	Mars	M. 234	Green	£25.56
25	Princess	P.52	Pink	£30.05
70	Duo	D.07	Turquoise	£22.90

(4) .... this order by returning the duplicate to us,
(5) ....

(6) ....,

P. Cunningham
Buyer

Lösung auf Seite 131

REDEWENDUNGEN

Den Eingang bestätigen

Thank you for your letter / your quotation of... .	*Vielen Dank für Ihren Brief/Kostenvoranschlag vom ... .*
With reference to your letter/quotation of... .	*Wir beziehen uns auf Ihren Brief/ Kostenvoranschlag vom ... .*

Eine Bestellung aufgeben/ordern

to order	*bestellen, ordern*
to place an order	*eine Bestellung aufgeben*
We are pleased to place an order with you for... .	*Wir möchten bei Ihnen gern eine Bestellung über ... aufgeben.*
Please send us the undermentioned goods.	*Bitte schicken/senden Sie uns die untengenannten Waren.*
Please supply us with... .	*Bitte schicken Sie uns /beliefern Sie uns mit ... .*
We would like to place an order for... .	*Wir möchten eine Bestellung für/ über ... aufgeben.*
With reference to your quotation, we enclose our order for... .	*Wir beziehen uns auf Ihren Kostenvoranschlag und fügen unsere Bestellung über ... bei.*

Den Liefertermin genau nennen

We should be grateful for delivery by... (date).	*Für eine Lieferung bis zum ... (Datum) wären wir dankbar.*
Please confirm that you can supply these goods by the required date.	*Bitte bestätigen Sie, daß Sie die Waren bis zum gewünschten Termin liefern können.*
We enclose our order for immediate delivery.	*Wir fügen unsere Bestellung bei und bitten um umgehende Lieferung.*

Der Bestellschein / Das Bestellformular

order number / order No.	*Bestellnummer / Bestell-Nr.*
Please write in block letters.	*Bitte in Blockschrift schreiben.*
Please send this order form together with your remittance to... .	*Bitte schicken Sie diesen Bestellschein zusammen mit Ihrer Überweisung an ... .*
A copy of the invoice should be included in the package.	*Eine Rechnungskopie sollte dem Paket beiliegen.*

Please quote the number on all correspondence. — *Bitte geben Sie die Nummer in allen Ihren Schreiben an.*

Um eine Auftragsbestätigung bitten

Please acknowledge this order by return of post. — *Bitte bestätigen Sie diesen Auftrag möglichst umgehend.*

Please confirm receipt of this order. — *Bitte bestätigen Sie den Erhalt dieser Bestellung.*

Please sign the duplicate of this order and return it to us as an acknowledgement. — *Bitte unterschreiben Sie das Doppel dieser Bestellung und schicken Sie es uns als Bestätigung zurück.*

Ein Angebot ablehnen

The samples sent lead us to believe your products are not of the standard we require. — *Die zugeschickten Muster lassen uns annehmen, daß Ihre Produkte nicht dem Standard entsprechen, den wir erwarten.*

We feel that your products do not meet our requirements and we shall therefore not be placing an order for them. — *Wir glauben, daß Ihre Produkte nicht den (gängigen) Anforderungen entsprechen und werden deshalb von einer Bestellung absehen.*

I am afraid your products do not have the technical specifications required for sale in this country. — *Ich fürchte, Ihre Produkte weisen nicht die technische Qualität auf, die bei einem Verkauf in diesem Land gefordert wird.*

I am afraid your prices are not competitive enough. We have therefore decided not to place an order with you. — *Ich fürchte, Ihre Preise sind nicht wettbewerbsfähig/konkurrenzfähig. Wir werden deshalb von einer Bestellung absehen.*

An eine fällige Lieferung erinnern

Re. our order No. … . — *Bezüglich unserer Bestellung Nr. … .*

We wish to remind you that our order No. … has not yet been delivered. — *Wir möchten (Sie) daran erinnern, daß unsere Bestellung Nr. … noch nicht geliefert wurde.*

As we have not yet received… . — *Da wir … noch nicht erhalten haben, … .*

Please inform us by return of post as to the expected date of delivery. — *Bitte teilen Sie uns umgehend den voraussichtlichen Liefertermin mit.*

Please give this matter your immediate attention.
Bitte erledigen Sie diese Angelegenheit umgehend.

Eine Bestellung abändern oder stornieren

Should any items be out of stock, please submit a quotation for a substitute.
Sollten einzelne Teile nicht auf Lager sein, schicken Sie bitte einen Kostenvoranschlag für einen vergleichbaren Artikel.

We should like to cancel our order No. ... owing to... .
Wir möchten unsere Bestellung Nr. ... stornieren, weil ... .

ANMERKUNGEN

➔ Beachten Sie den Gebrauch der verschiedenen Präpositionen:
thank you FOR / your quotation OF (+ Datum) / **we have pleasure IN**.

➔ Verben, die auf die Präpositionen **IN** und **BY** folgen, hängen die Endung **-ing** an: **pleasure IN placING**, **acknowledge BY returnING**...

➔ Vergessen Sie nicht, daß „eine Bestellung BEI jemandem aufgeben" im Englischen so ausgedrückt wird: **to place an order WITH someone**.

NUN SIND SIE DRAN!

• I .... two large turkeys for Christmas Day. .... this order by return of post.

• .... your quotation .... 6th November. We .... pleasure .... an order .... you for the .... items. Please .... that you can supply the goods .... the end of the month.

• Thank you .... your quotation. We feel however that your .... do not meet our .... We shall therefore not .... an order with you.

• We have pleasure in placing .... 500 Jacuzzi Hi-Fi's and 200 Blaster portable radios for .... delivery. Please sign the .... of this order and return it to us as an acknowledgement.

• *Geben Sie eine Bestellung über 20 Paar Schuhe Modell „Aschenputtel" (Cinderella), Größe 36 (5) auf. Bitten Sie um eine umgehende Lieferung.*

7 BESTELLUNGEN BEANTWORTEN

EINEN AUFTRAG BESTÄTIGEN

Herr Müller schreibt mehrere Auftragsbestätigungen. Meistens bestätigt er, daß die Bestellung zum vereinbarten Termin ausgeführt werden kann. Manchmal muß er dem Kunden jedoch mitteilen, daß ein Modell nicht vorrätig ist.

Gestalten Sie mit Hilfe folgender Elemente eine Auftragsbestätigung:

(1) *Die Anrede:*
To whom it may concern
Dear Sir
Dear Mr Cunningham

(2) *„Ihre Bestellung / Ihr Auftrag Nr. … vom“:*
your command No. 67 of
your order No. 67 dated
your demand No. 67 from

(3) *„wie gewünscht“:*
As you ask
As requested
As you wish

(4) *„wir fügen bei“:*
we include
we add
we enclose

(5) *„ordnungsgemäß unterzeichnet“:*
correctly signed
duly signed
signed as required

(6) *Die Versandabteilung „bearbeitet nun“:*
is currently processing
is responsible for
has disposed of

(7) *„Die Lieferung“:*
the sending
the consignment
the expedition

(8) *„versandfertig“:*
O.K. to be sent
ready for delivery
on the ship

(9) *Sich bedanken:*
I am extremely grateful
We thank you
Thanks a lot

(10) *Sich auf etwas freuen:*
can't wait for
are very eager for
look forward to

Brief 11

Mr P. Cunningham
Telewares
55 Hampton Road
Guildford
Surrey PQ66 5ST

11th March 19...

(1) ....,

Thank you for (2) .... 6th March. (3) ...., (4) .... the duplicate (5) .... in acknowledgement of your order. Our dispatch department (6) .... your order and will inform you when (7) .... is (8) ....

(9) .... for your custom and (10) .... being of service to you again in the near future.

Yours sincerely,

J. Müller
Export Manager

Lösung auf Seite 132

REDEWENDUNGEN

Einen Auftrag bestätigen

Thank you for your order.	*Vielen Dank für Ihre Bestellung.*
We are in receipt of your order No. 122.	*Wir bestätigen den Erhalt Ihrer Bestellung Nr. 122.*
We are pleased to acknowledge your order.	*Wir freuen uns, Ihre Bestellung (hiermit) bestätigen zu können.*
We enclose the duplicate duly signed in acknowledgement of your order.	*Wir fügen das ordnungsgemäß unterzeichnete Doppel zur Bestätigung Ihrer Bestellung bei.*

Die Ausführung einer Bestellung bestätigen

We have pleasure in confirming that... .	*Wir freuen uns, Ihnen bestätigen zu können, daß ... .*

Your order is already being processed / being dealt with. — *Ihre Bestellung wird schon bearbeitet.*

We have noted/recorded your order for... (goods). — *Wir haben Ihre Bestellung über ... (Waren) aufgenommen/notiert.*

Our dispatch department is processing your order. — *Unsere Versandabteilung bearbeitet Ihre Bestellung.*

Einen Liefertermin bestätigen

Delivery will be made by... (date) as requested. — *Die Lieferung wird wunschgemäß bis ... (Datum) erfolgen.*

Delivery will be made in accordance with / according to your instructions. — *Die Auslieferung wird Ihren Anweisungen gemäß erfolgen.*

We confirm that we are able to deliver before the end of the month. — *Wir bestätigen, daß wir vor Monatsende liefern können.*

The goods ordered are available for immediate delivery. — *Die bestellten Waren können sofort geliefert werden.*

We will inform you when the consignment is ready for delivery. — *Wir werden Sie informieren, sobald die Lieferung versandfertig ist.*

Eine Verzögerung ankündigen

We should like to inform you / Please note that your order only reached us on... . — *Wir möchten Ihnen mitteilen / Bitte beachten Sie, daß uns Ihre Bestellung erst am ... erreicht hat.*

We will require... days/weeks to process this order. — *Wir werden ... Tage/Wochen benötigen, um diese Bestellung zu bearbeiten.*

Owing to an unfortunate delay, I regret to inform you that delivery can only be made from... onwards / in a week's time. — *Wegen einer bedauerlichen Verzögerung muß ich Ihnen leider mitteilen, daß die Lieferung erst ab dem ... / in einer Woche erfolgen kann.*

Delivery has been delayed. — *Die Auslieferung hat sich verzögert.*

Schwierigkeiten einräumen

We regret to inform you that the goods/items ordered are out of stock / no longer in stock / no longer available. — *Es tut uns leid, Ihnen mitteilen zu müssen, daß die bestellten Waren/Teile nicht vorrätig / nicht mehr vorrätig / nicht mehr erhältlich sind.*

Unfortunately... — *Bedauerlicherweise/Leider ...*

I am afraid your order has been lost / has gone missing. — *Ich fürchte, Ihre Bestellung kann nicht aufgefunden werden / ist verlorengegangen.*

Could you possibly send us a duplicate / a copy of your order?

Könnten Sie uns möglicherweise ein Doppel / eine Kopie Ihrer Bestellung schicken?

Einen Ersatz anbieten

We can, however, offer you a substitute.

Wir können Ihnen jedoch einen Ersatz anbieten.

Our model No. 5 is very similar / of similar quality.

Unser Modell Nr. 5 ist sehr ähnlich / hat die gleiche Qualität.

ANMERKUNGEN

➔ Beachten Sie, daß die verschiedenen Abteilungen einer Firma **department** genannt werden, so z. B.: **the sales department** (Vertrieb/Verkaufsabteilung).

➔ Merken Sie sich **to be of service to you**: Ihnen behilflich sein.

➔ Beachten Sie das Fehlen des Artikels in der Redewendung **delivery will be made by 3rd June**: DIE Lieferung erfolgt bis (spätestens) 3. Juni.

NUN SIND SIE DRAN!

• We .... to acknowledge your order No. 70 .... 5th January. We .... that delivery will .... by 15th January.

• *Antworten Sie auf folgendes Telex:*
Re. our order No. 56 please acknowledge receipt and confirm delivery by 19th May.

• .... for your order No. 45. As requested we .... the copy, ... signed .... acknowledgement. Your order is already .... and will be ready for delivery .... next week.

• *Bestätigen Sie den Auftrag mit der Nummer 95-SP8, aber teilen Sie dem Kunden mit, daß die Ware nicht vorrätig ist und daß sich die Auslieferung deshalb um drei Wochen verzögert.*

8 KOSTENVORANSCHLÄGE

Herr Müller beantwortet eine Anfrage bezüglich eines Kostenvoranschlags für verschiedene Telefonmodelle.

Formulieren Sie seinen Brief mit Hilfe folgender Redewendungen:

(1) *„In Beantwortung“:*
In reply to
In response to
As a result of

(2) *„Wir freuen uns, ... beizulegen“:*
it is an honour to send you
we have pleasure in enclosing
we are pleased to include

(3) *Eine große Auswahl anbieten:*
we have a wide range of
we make plenty of
we are holding a sale of

(4) *Die Qualität hervorheben:*
the best
of a high standard
made in Taiwan

(5) *„ist/sind erhältlich“:*
is ready
are available
are disposable

(6) *Kostenlosen Anschluß anbieten:*
is carried out free of charge
is carried out gratuitously
is free

(7) *Bei größeren Aufträgen einen Rabatt gewähren:*
for some orders exceeding
for all commands over
for any orders exceeding

(8) *„solange der Vorrat reicht“:*
subject to availability
if possible
if in stock

LUXI PHON
Magdeburger Straße 250 • 1000 Berlin 75

Boulton Manufacturing Ltd
45 Beech Road
Broughton
Somerset

15th April 19...

Your ref.: 250MS/DK
Our ref.: JM/RW

Dear Mr Stewart,

(1) .... your letter of 9th April, (2) .... a detailed quotation for the models of telephones specified. Besides those models that were on display at the International Telecommunications Fair, (3) .... other designs, as illustrated in our catalogue, also enclosed.
All our equipment is (4) .... and comes with a five year guarantee. A number of accessories (5) .... with some of the models. Installation (6) .... by any one of our two thousand service centres located throughout Europe.
Furthermore, we are able to offer a 5% discount (7) .... £2,000.
All models can be supplied, (8) ...., 3 months from the date on which we receive your firm order. Our c.i.f prices are for sea/land transport only; if you require the goods to be sent by air freight, this will be charged at extra cost.

We look forward to receiving your order.

Yours sincerely,

J. Müller

J. Müller
Export Manager

Lösung auf Seite 132

REDEWENDUNGEN

Sich auf einen Brief beziehen

In reply to your letter… .	*In Beantwortung Ihres Briefes … .*
Thank you for your enquiry about / your interest in… .	*Wir bedanken uns für Ihre Anfrage bezüglich … / Ihr Interesse an … .*
With reference to your letter of 10th January… .	*Wir beziehen uns auf Ihren Brief vom 10. Januar und … .*

Unterlagen schicken

We have pleasure in enclosing… .	*Wir freuen uns, … beizufügen.*
We are pleased to submit… for your approval.	*Wir freuen uns, Ihnen … zur Ansicht vorlegen zu können.*
our latest price list	*unsere aktuelle Preisliste*
our most recent catalogue	*unseren neuesten Katalog*
a detailed quotation for the goods specified	*einen genauen Kostenvoranschlag über die gewünschten Waren*

Einen Rabatt oder Nachlaß gewähren

We are able to offer a 10% discount on all orders exceeding £20 in value / on repeat orders.	*Wir können 10% Rabatt auf alle Bestellungen gewähren, die einen Wert von £20 übersteigen / … auf alle Nachbestellungen anbieten.*
We can make you a firm offer for… .	*Wir können Ihnen ein festes Angebot über/für … machen.*
We can allow/offer a discount of 10%.	*Wir können Ihnen einen 10%igen Rabatt einräumen/anbieten.*
Your initial order is subject to a discount of 10%.	*Auf Ihre Erstbestellung gewähren wir einen Rabatt von 10%.*
This range is on offer at a special introductory price.	*Diese Serie ist zu einem besonderen Einführungspreis im Angebot.*

Den Lagerbestand beschreiben

All models can be supplied from stock.	*Alle Modelle sind vorrätig.*
Please let us have your order as soon as possible, since supplies are limited.	*Bitte schicken Sie uns Ihre Bestellung so bald wie möglich, da unsere Lagerbestände begrenzt sind.*
Our stocks are depleted / sold out, but we can offer you a substitute.	*Unsere Lagerbestände sind erschöpft/ausverkauft, aber wir können Ihnen Ersatz anbieten.*
These goods are out of stock.	*Diese Waren sind nicht vorrätig.*

Vorbehalte äußern

subject to…	*unter Vorbehalt, vorbehaltlich …*
subject to availability	*solange der Vorrat reicht*
subject to prior sale	*Zwischenverkauf vorbehalten*
subject to acceptance by the manager	*nur mit Zustimmung des Geschäftsführers*
subject to our receiving your order	*nur mit/bei Auftragseingang*
while stocks last	*solange der Vorrat reicht*
Prices are subject to change without notice.	*Wir behalten uns Preisänderungen vor.*

Zusätzliche Leistungen erwähnen

We have service centres all over the country.	*Wir haben landesweit Dienstleistungszentren.*
The equipment comes with optional accessories.	*Für die Ausrüstung/Einrichtung gibt es verschiedenes Zubehör.*
The goods carry/come with a one year guarantee.	*Auf die Waren/Produkte geben wir ein Jahr Garantie.*
Installation is carried out free of charge.	*Der Einbau/Anschluß ist kostenlos/gebührenfrei.*

Zahlungsarten und Preise

c.i.f. prices / cost insurance freight	*Preise für Kosten, Versicherung und Fracht*
to be charged at extra cost	*zuzüglich berechnet werden*
terms of payment 30 days net	*Zahlungsbedingungen: netto innerhalb 30 Tagen*

ANMERKUNGEN

→ Der englische Ausdruck **a number of (accessories)** kann mit „eine gewisse Anzahl“ oder „einige“ übersetzt werden.

→ Beachten Sie, daß die Passivformulierung **if you require the goods to be sent** häufig in formellen Geschäftsbriefen verwendet wird.

→ Unterscheiden Sie: **of A high standard** (mit Artikel) und **of good quality** (ohne Artikel).

NUN SIND SIE DRAN!

• In .... your inquiry of 5th December, we are pleased to .... a detailed quotation .... the goods specified. We can allow a 3% discount .... all orders .... £50. Prices are .... change without ....

• We are pleased .... a quotation .... the renovation of your premises. The work carried out .... a guarantee of one year .... your prior approval of the completed renovation. We enclose our most .... catalogue to give you an indication of the materials available. We also .... our .... price list.

• In .... your inquiry of 1st September we are pleased .... the requested quotation .... goods specified. This range is a special .... offer, with a 5% discount .... your initial order. If you wish to take advantage .... this offer, please fill .... the .... form.

• With .... to your enquiry .... 8th January, we have pleasure .... enclosing a quotation .... the goods specified. Please let .... have your order as soon as possible, since .... are limited.

9 ZAHLUNGSBEDINGUNGEN

Herr Müller schreibt einer Kundin, Frau Mary Donovan, die Luxiphon einen Großauftrag erteilen möchte.

Helfen Sie ihm, die Zahlungsbedingungen zu erläutern:

(1) *Die Anrede:*
Dear Mrs Donovan
Dear Mary
Dear Madam

(2) *„Wir beziehen uns auf“:*
We refer to
In reference to
As regards

(3) *„kürzliche Anfrage“:*
recent inquiry
latest demand
last question

(4) *„Zahlungsbedingungen“:*
terms for paying
rules of payment
conditions of payment

(5) *Die Zahlungsbedingungen angeben:*
We require
Our terms are
You must pay

(6) *„ein Zahlungsziel von zwei Monaten“:*
two months' credit
two months' debt
a delay of two months

(7) *„Nachbestellungen“:*
other orders
subsequent orders
firm orders

(8) *Die Zahlung „sollte ... erfolgen“:*
must be done
is to take place
should be made

(9) *„Wir freuen uns auf den Erhalt“:*
We look forward to receiving
We are waiting to receive
We expect to receive

(10) *Die Grußformel:*
Regards
Yours faithfully
Yours sincerely

Brief 13

LUXI PHON
Magdeburger Straße 250 · 1000 Berlin 75

Mrs Mary Donovan
Northern Supplies Ltd
56 High Street
Sheffield
YORKSHIRE NW36 SJ2

8th May 19…

(1)……………………,

(2) …………………… your (3) …………………… regarding our (4) …………………… . (5) …………………… 30 days net, but we can allow you (6) …………………… for (7) …………………… . Payment (8) …………………… by irrevocable letter of credit or order cheque.

(9) …………………… your initial order.

(10) ……………………,

J. Müller

J. Müller
Export Manager

Lösung auf Seite 132

REDEWENDUNGEN

Die Zahlungsbedingungen angeben

Our conditions/terms of payment are as follows:	*Unsere Zahlungsbedingungen lauten / sind folgende:*
Payment should be made by … .	*Die Zahlung sollte per … erfolgen.*
(irrevocable) letter of credit	*(unwiderrufliches) Akkreditiv*
bank transfer	*Banküberweisung*
banker's draft / bank draft	*Bankwechsel*
cheque	*Scheck*

cash on delivery	*Zahlung gegen Nachnahme*
cash with order	*Zahlung bei Auftragserteilung*
cash in advance	*Vorauszahlung*
direct debit	*Direktabbuchung*
quarterly/monthly payment	*vierteljährliche/monatliche Zahlung*
payment at sight	*Zahlung bei Vorlage*
cash against documents	*Kasse gegen Dokumente*
pro forma invoice	*Zahlung durch Proforma-Rechnung*
International Money Order (IMO)	*internationale Postanweisung*
(current) exchange rate	*aktueller Wechselkurs*
V.A.T. (value added tax)	*Mehrwertsteuer*
tax free, duty free	*steuerfrei, zollfrei*
exclusive of tax	*ohne Steuer / Steuer nicht inbegriffen*
inclusive of tax	*inklusive Steuer / Steuer inbegriffen*

Sich nach Sonderkonditionen erkundigen

Are you able to allow a discount?	*Können Sie einen Nachlaß gewähren?*
Could you grant us a preferential rate for this bulk order?	*Können Sie uns für eine Bestellung in dieser Größenordnung einen Sonderpreis gewähren?*

Einen Zahlungsaufschub/Kredit gewähren oder ablehnen

We can allow you 2 months' credit.	*Wir können Ihnen ein Zahlungsziel von zwei Monaten gewähren.*
We do not give credit.	*Wir gewähren keinen Kredit.*
We are not in a position to offer credit.	*Wir sind nicht in der Lage, Kredit zu gewähren.*
Our terms of payment are 30 days net.	*Unsere Zahlungsbedingungen lauten: Zahlung innerhalb 30 Tagen ohne Abzug / netto.*

Um Begleichung einer Rechnung bitten

Enclosed is our invoice amounting to… .	*Unsere Rechnung über … liegt bei.*
We should be grateful if you would forward your remittance in settlement of the enclosed invoice.	*Wir wären Ihnen dankbar, wenn Sie den Betrag zur Begleichung der beiliegenden Rechnung überweisen könnten.*

Eine Zahlung leisten

We have pleasure in enclosing… . — *Wir freuen uns, Ihnen … zuschikken zu können.*

an International Money Order (IMO) for… — *eine internationale Postanweisung über …*

your bill of exchange / a cheque for… — *Ihren Wechsel / einen Scheck über …*

Enclosed is our banker's draft for… — *Unser Bankwechsel über … liegt bei.*

Our bank has been instructed to transfer the agreed 10% deposit. — *Unsere Bank ist angewiesen, die vereinbarte Anzahlung von 10% zu überweisen.*

As payment of pro forma invoice No. …, we enclose a draft on… . — *Zur Begleichung der Proforma-Rechnung Nr. … legen wir einen Wechsel über … bei.*

Den Zahlungseingang bestätigen

We are pleased to confirm receipt of… . — *Wir freuen uns, den Eingang von … zu bestätigen.*

We acknowledge with thanks your cheque for… . — *Wir bedanken uns für Ihren Scheck über … .*

Eine Gutschriftsanzeige schicken

Please forward a credit note for the sum of… . — *Bitte senden Sie uns eine Gutschriftsanzeige über die Summe von … .*

We enclose a credit note for the sum of… . — *Wir legen eine Gutschriftsanzeige über die Summe von … bei.*

Ein Kundenkonto besitzen

I should like to open an account with you. — *Ich möchte ein Konto bei Ihnen eröffnen.*

Could you possibly forward your account details, including your account number and credit card number? — *Könnten Sie uns bitte Informationen über Ihr Konto zugehen lassen, einschließlich Ihrer Konto- und Kreditkartennummer?*

Ein Formular ausfüllen

Please write in block capitals. — *Bitte in Blockschrift schreiben.*

made payable to — *zahlbar an*

amount due — *fälliger Betrag*

amount in words — *Betrag in Worten*

ANMERKUNGEN

➔ Die Redewendung **payment should be made** klingt viel höflicher als „payment must be made“ und wird deshalb vorzugsweise benutzt.

➔ Der Artikel vor **payment** (s. o.) entfällt, weil hier keine spezielle Zahlung gemeint ist, sondern Zahlungen im allgemeinen.

NUN SIND SIE DRAN!

- Our usual .... are 60 days .... We can .... you 1 month's further .... for repeat .... Payment .... by bank transfer.

- .... is our invoice .... £500. Would you kindly .... your remittance .... of the above as soon as possible.

- We .... enclosing our .... draft .... £200 .... settlement of the enclosed invoice No. 334. Please .... receipt .... return .... post.

- We are not in a .... to offer credit, but we can .... a discount .... all orders .... £300.

- We .... with thanks .... banker's draft for £572, sent in payment of order No. 910.
We .... to receiving your next order.

10 LIEFERBEDINGUNGEN

Herr Müller erklärt einer amerikanischen Kundin die Lieferbedingungen für eine Warensendung.

Helfen Sie ihm nun, die Lieferbedingungen mit Hilfe folgender Begriffe zu formulieren:

(1) *„Wir beziehen uns auf“:*
As regards
We refer to
We have referred to

(2) *Welche ist die richtige Zeitform?*
Delivery will be made
Delivery has been made
Delivery would be made

(3) *Zwei Monate nach „Erhalt Ihrer Bestellung“:*
your order
the ship's arrival
receipt of your order

(4) *„Wie vereinbart“:*
As arranged
As convenient
As you know

(5) *Transportbedingungen:*
by train and ship
by rail and sea freight
in a train and on a ship

(6) *„Falls Sie … benötigen“:*
If you require
Should you be in need of
If you must have

(7) *Eine Dienstleistung vorschlagen:*
we can allow
we have arranged
we can arrange

(8) *Zusatzkosten erwähnen:*
this will be charged at extra cost
this will be charged to your bankers
this is very costly

(9) *Zahlungsbedingungen nennen:*
payable on arrival
payable by you
optional

(10) *Sich für den Auftrag bedanken:*
Thanks a lot for your order
We look forward to your next order
We thank you for your custom

Brief 14

Dear Ms Webster,

(1) .... your order No. 33. (2) .... within two months of (3) .... (4) ...., the consignment will be transported (5) .... FOB from Birmingham to your warehouse in Georgia, USA.

Our prices are CFR for sea/land transport to Georgia. (6) .... more rapid delivery, (7) .... for the goods to be sent by air freight, but (8) .... Insurance is (9) ....

(10) .... and will be pleased to answer any further queries you might have regarding the shipment.

Yours truly,

J. Müller

J. Müller
Export Manager

Lösung auf Seite 133

REDEWENDUNGEN

Lieferfristen mitteilen

Delivery will take four months.	*Bis zur Auslieferung wird es vier Monate dauern.*
The consignment is ready for immediate delivery.	*Die Sendung ist versandbereit.*
Delivery can be made from stock.	*Lieferung ab Lager.*
The items are in stock and should be ready for despatch by next Monday.	*Die Artikel sind vorrätig und dürften bis kommenden Montag zur Auslieferung versandfertig sein.*
Delivery will be made within two months.	*Die Lieferung wird innerhalb zwei Monaten erfolgen.*

Das Transportmittel mitteilen

As arranged, the consignment will be transported by air/rail/sea freight.	*Wie abgesprochen wird die Lieferung per Luft-/Bahn-/Seefracht transportiert werden.*

We will despatch the goods tomorrow by air freight. — *Wir werden die Waren morgen per Luftfracht verschicken.*

Die Versandbedingungen angeben

Our prices are...	*Unsere Preise gelten ...*
Ex Works (EXW)	*ab Werk, ab Lager*
Free Carrier (FCA)	*frei Frachtführer*
Free On Board (FOB)	*frei Schiff, frei an Bord*
Cost and Freight (CFR)	*Kosten und Fracht*
Cost, Insurance and Freight (CIF)	*Kosten, Versicherung, Fracht*
Carriage Paid To (CPT)	*frachtfrei*
Carriage and Insurance Paid to (CIP)	*frachtfrei versichert*
Delivered At Frontier (DAF)	*geliefert Grenze*
Delivered Ex Quay (DEQ)	*geliefert ab Kai/verzollt*
Delivered Ex Ship (DES)	*geliefert ab Schiff*
Delivered Duty Unpaid (DDU)	*geliefert unverzollt*
Delivered Duty Paid (DDP)	*geliefert verzollt*

Die Lieferadresse mitteilen

Please note that delivery should be made to the following address. — *Bitte beachten Sie, daß die Lieferung an folgende Adresse erfolgen soll.*

Please would you deliver to the following address. — *Würden Sie bitte an folgende Adresse liefern.*

Please note the new address of our offices. — *Bitte beachten Sie die neue Adresse unserer Büros.*

Den Versand anzeigen

We are pleased to inform you that we have despatched... today, against your order. — *Es freut uns, Ihnen mitteilen zu können, daß wir heute gemäß Ihrer Bestellung ... ausgeliefert haben.*

As agreed, the goods will be delivered to you on Monday morning. — *Wie abgesprochen werden Ihnen die Waren Montag morgen zugestellt werden.*

Order No. ... will be ready for delivery as from 5th May. Please advise as to how you will take delivery of the goods. — *Die Bestellung Nr. ... wird ab 5. Mai versandbereit sein. Bitte teilen Sie uns mit, in welcher Form Sie die Lieferung entgegennehmen.*

Einen Lieferverzug mitteilen

Owing to... we are unable to deliver your order No. ... before 7th June. — *Wegen/Aufgrund ... sind wir nicht in der Lage, Ihre Bestellung Nr. ... vor 7. Juni auszuliefern.*

Unless we receive instructions from you to the contrary, we will assume that your order still stands.
Falls wir nichts Gegenteiliges von Ihnen hören, nehmen wir an, daß die Bestellung noch gültig ist.

Die Versandart beschreiben

The goods will be delivered in hermetically sealed, shock-proof crates.
Die Waren werden in hermetisch versiegelten, stoßfesten Kisten verschickt (werden).

The documentation requested has been sent to you... .
Die angeforderten Unterlagen wurden Ihnen ... zugeschickt.

under separate cover — *mit getrennter Post*
by registered post — *per Einschreiben*
by messenger / by courier — *per Boten / per Eilboten*

ANMERKUNGEN

➔ Beachten Sie, daß in Redewendungen wie **Delivery will be made / The consignment will be transported / This will be charged** das Passiv benutzt wird. Wegen seines nicht so persönlichen, dafür aber formelleren Aspekts wird in Geschäftsbriefen diese Form dem Aktiv vorgezogen.

➔ Merken Sie sich die Redewendung **is payable by you** d. h. „geht/gehen zu Ihren Lasten". Diese Formulierung, ebenfalls im Passiv, ist auf die Handelskorrespondenz beschränkt und ist höflicher als „Sie müssen ... zahlen".

NUN SIND SIE DRAN!

• *Schreiben Sie Herrn Müller und präzisieren Sie die Lieferbedingungen für die von Ihnen bestellten Waren: Lieferung vor 15. 11. per See- und Schienenfracht, ab Fabrik Luxiphon bis zu Ihrem Lager, geliefert verzollt.*

• We .... your order .... 500 pairs of green socks. The items are .... stock and should be ready .... despatch by next week. Delivery .... made .... one month of processing the order.

• Owing .... problems .... our manufacturing plant, we are .... to deliver your order No. 77. .... we receive .... from you .... the contrary, we will .... that your order still stands.

11 ZAHLUNGSERINNERUNGEN

Herr Müller stellt eines Tages fest, daß einige Kunden bereits vor drei Monaten ausgeführte Aufträge noch nicht bezahlt haben. Es wäre ihm lieber, wenn er diese Zahlungserinnerungen nicht schicken müßte!

Helfen Sie ihm beim Aufsetzen seines Mahnschreibens an seinen amerikanischen Kunden und verwenden Sie folgende Begriffe:

(1) *Die Anrede:*
Dear Jason
Dear Mr Hughes
Dear Sir or Madam

(2) *Auf etwas hinweisen:*
indicate
mention
draw your attention to

(3) *Mitteilen, daß die Zahlung noch nicht erfolgt ist:*
As we are still waiting for
As we are in desperate need of
As we have not yet received

(4) *Um etwas bitten:*
we should be grateful
we would be most obliged
we would be happy

(5) *Um Zahlung bitten:*
send the money
forward your remittance
deal with the problem

(6) *„Falls Sie ... schon überwiesen haben“:*
If you are thinking of sending
If you will have sent
If you have already sent

(7) *„betrachten Sie dieses Schreiben als gegenstandslos“:*
forget about this letter
ignore this reminder
do not take account of this note

(8) *Die Grußformel:*
Yours sincerely
Yours truly
Yours faithfully

Brief 15

LUXI PHON
Magdeburger Straße 250 • 1000 Berlin 75

Mr Jason Hughes
Scientific Inc
155 Birmingham Avenue
Cleveland, Ohio 44321
USA

20th October 19...

(1) ....,

May we (2) .... our invoice No.254 dated September 5th. (3) .... payment, (4) .... if you would (5) .... as soon as possible. (6) .... the amount due, please (7) ....

(8) ....,

J. Müller

J. Müller
Export Manager

Lösung auf Seite 133

REDEWENDUNGEN

Sich auf die Rechnung beziehen

Our invoice, of which we enclose a copy, was sent to you on... (date).	*Beiliegend eine Kopie unserer Rechnung, die Ihnen am ... (Datum) zuging.*
We are writing concerning your outstanding account of... .	*Wir beziehen uns auf den noch ausstehenden Betrag von ... .*
May we / We would like to draw your attention to our invoice of... (date).	*Wir möchten Sie hiermit auf unsere Rechnung vom ... (Datum) hinweisen.*

Eine Zahlungserinnerung schicken

As we have not yet received payment, we would be grateful if you would forward your remittance as soon as possible. — *Da wir noch keine Zahlung erhalten haben, wären wir Ihnen für eine umgehende Begleichung der Rechnung dankbar.*

As the account has not yet been cleared, could you please send your remittance as soon as possible. — *Da Ihr Konto noch nicht ausgeglichen ist, bitten wir Sie, Ihre Überweisung baldmöglichst vorzunehmen.*

As no advice of payment has been received from our bank, we would be glad if you would arrange for settlement of this invoice. — *Da wir von unserer Bank noch keine Zahlungsmitteilung erhalten haben, wären wir Ihnen dankbar, wenn Sie die Rechnung begleichen könnten.*

May we remind you our terms are 30 days net. Kindly send your remittance as soon as possible. — *Wir möchten Sie daran erinnern, daß unsere Bedingungen 30 Tage netto lauten. Bitte begleichen Sie die Rechnung baldmöglichst.*

Falls der Kunde die Rechnung schon beglichen hat

Should you have already settled the account, please disregard this reminder. — *Sollten Sie die Rechnung schon beglichen haben, so betrachten Sie diese Zahlungserinnerung bitte als gegenstandslos.*

If you have already sent the required amount, please ignore this reminder. — *Sollten Sie den betreffenden Betrag schon gezahlt haben, so ignorieren Sie bitte diese Zahlungserinnerung.*

Eine zweite Mahnung schicken

We wish to remind you that our invoice No. X dated… is still unpaid/outstanding and ask you to give the matter your immediate attention. — *Wir möchten daran erinnern, daß unsere Rechnung Nr. X vom … noch nicht beglichen wurde, und bitten Sie, die Angelegenheit umgehend zu erledigen.*

Having received no reply to our letter of… in which we reminded you that we are still awaiting settlement of our invoice No. X, we must request payment of the amount due without further delay. — *Da wir keine Antwort auf unser Schreiben vom … erhielten, in dem wir darauf hinwiesen, daß die Rechnung Nr. X noch nicht beglichen wurde, bitten wir Sie, den ausstehenden Betrag umgehend zu begleichen.*

We enclose a statement of your account. We feel sure that its settlement has been overlooked, but having already sent one reminder, we must insist that payment be made within the next seven days.

Wir fügen einen Kontoauszug bei. Sicher handelt es sich (hierbei) um ein Versehen Ihrerseits; da wir aber schon eine Zahlungserinnerung geschickt haben, müssen wir darauf bestehen, daß die Zahlung innerhalb der nächsten sieben Tage erfolgt.

Eine letzte Mahnung schicken

Despite two reminders sent to you on... and..., the amount of our invoice No. X is still outstanding, and is now three months overdue. As we have received no reply from you, we shall have to take proceedings unless payment reaches us within the next seven days.

Obwohl Ihnen am ... und am ... zwei Zahlungserinnerungen zugingen, steht der Betrag unserer Rechnung Nr. X noch immer aus und ist nun bereits seit drei Monaten überfällig. Da wir keine Antwort von Ihnen erhielten, werden wir rechtliche Schritte (gegen Sie) einleiten müssen, falls die Rechnung nicht innerhalb der nächsten sieben Tage beglichen wird.

Unless we have received your remittance within seven days, we shall have to hand the matter over to our solicitors.

Sollten wir Ihre Zahlung nicht innerhalb sieben Tagen erhalten, werden wir die Angelegenheit unseren Rechtsanwälten übergeben müssen.

Antwort auf ein Mahnschreiben

I regret to inform you that we can find no trace of invoice No. 27. We would be obliged if you could send us a duplicate of the invoice so that we can proceed with the necessary payment.

Ich muß Ihnen leider mitteilen, daß sich die Rechnung Nr. 27 nicht auffinden läßt. Wir wären Ihnen dankbar, wenn Sie uns eine Kopie dieser Rechnung zugehen lassen könnten, so daß wir die nötige Zahlung veranlassen können.

The delay in the settlement of our outstanding account No. 38G12 has been caused by a computer error in our Accounts Department.

Die Verzögerung bei der Begleichung des offenstehenden Kontos Nr. 38G12 wurde durch einen Computerfehler in unserer Rechnungsabteilung hervorgerufen.

Please accept our apologies for the inconvenience caused, and rest assured that you will be receiving our remittance shortly.

Wir entschuldigen uns für die Ihnen entstandenen Ungelegenheiten und versichern Ihnen, daß die Zahlung in Kürze bei Ihnen eingehen wird.

We apologize for the delay in our settlement of your invoice No. 63, but we have recently experienced some cash flow problems. We should be grateful if you could allow us a further credit of 30 days.

Wir entschuldigen uns für die Verzögerung bei der Zahlung Ihrer Rechnung Nr. 63, aber es ergaben sich in letzter Zeit einige Cash-Flow-Probleme. Wir wären Ihnen dankbar, wenn Sie uns einen weiteren Kredit von 30 Tagen einräumen könnten.

ANMERKUNGEN

➔ Beachten Sie, daß **may we...** wie das deutsche „dürfen wir ... " benutzt wird, um eventuell unangenehme Aufforderungen zu entschärfen, sie höflicher zu formulieren. **We draw your attention to...** wäre die direktere, aber nicht so höfliche Möglichkeit, auf etwas hinzuweisen.

➔ Statt der Formulierung **we would be grateful...** findet man auch **we should be grateful...** mit exakt der gleichen Bedeutung. Diese Form des Konjunktiv ist nur in der 1. Person **I/we** möglich, wird aber im modernen Englisch zunehmend ungebräuchlicher. In der 2. und 3. Person wird in jedem Fall nur **would** verwendet, also:
I/We would/should like to inform you...
He/She would like to inform you...

NUN SIND SIE DRAN!

• As we .... received payment .... our invoice No. 609, we would be grateful if you would forward .... as .... possible.

• .... previous reminders your account is .... outstanding. .... payment reaches us .... the next seven days, we shall have to take ....

• *Bestätigen Sie den Erhalt einer Zahlungserinnerung für die Rechnung Nr. 703B. Weisen Sie darauf hin, daß diese Rechnung schon beglichen wurde und daß es sich um einen Buchungsfehler handeln muß.*

12 VERHANDLUNGEN UND VEREINBARUNGEN

Beim Durchgehen der Post stößt Herr Müller auf eine unerwartete Anfrage. Panorama, eine amerikanische Firma, die Anrufbeantworter herstellt, bietet ein Partnerschaftsabkommen an: Luxiphon soll die amerikanischen Anrufbeantworter auf den europäischen Markt bringen; als Gegenleistung will Panorama den Vertrieb von Luxiphon-Produkten in den USA übernehmen.

Setzen Sie das Geschäftsangebot auf, das Panorama Herrn Müller zugeschickt hat:

(1) *„Wir sind auf der Suche nach":*
would like to meet
are seeking
will be contacting

(2) *„als Gegenleistung für":*
as an exchange for
in exchange with
in exchange for

(3) *„ist Ihnen bekannt":*
you are aware
you must know
you bear in mind

(4) *Eine positive Antwort voraussetzen:*
we assume
we realise
we feel confident

(5) *„Ihre Firma könnte … profitieren":*
your company could benefit
you could gain
your turnover would increase

(6) *Der Markt „öffnet sich":*
is opening up
has started
will be good

(7) *Von einer Situation profitieren:*
to win
to compete
to take advantage of this opportunity

(8) *Das Angebot in Erwägung ziehen:*
look into this
give this proposal your kind consideration
give this your immediate attention

—— Panorama Inc ——

1150 Grand Boulevard • Los Angeles California 90041 • USA

Luxiphon
Magdeburger Str. 250
1000 Berlin 75

25th April 19...

Our ref.: TS/PL 314

Dear Sir or Madam,

We are manufacturers of telephone answering machines and (1) .... a European manufacturer of compatible products with a view to entering into a commercial partnership. We would like to offer our services as commercial agents for your products in the United States, (2) .... your representation of our products on the European market. Please find enclosed a brochure describing our company.

As we are sure (3) ...., the U.S. market offers excellent potential for your type of product, and (4) .... that you will appreciate how much (5) .... from such a partnership. As for ourselves, we have reason to believe that the market (6) .... in Europe for our products and consider that the best way (7) .... is to achieve a commercial presence via a European company.

We hope you will (8) ...., and look forward to your reply.

Yours truly,

T. Southampton

Mr T. Southampton
Export Manager

Lösung auf Seite 133

REDEWENDUNGEN

Sich auf die Kontaktaufnahme beziehen

Having recently visited your stand	*Da ich kürzlich Ihren Stand besuchte, ...*
I was given your name by Mr... .	*Herr ... nannte mir Ihren Namen.*
The Chamber of Commerce suggested I contact you.	*Die Handelskammer riet mir, mit Ihnen Kontakt aufzunehmen.*
We met / were introduced at the Frankfurt Book Fair.	*Wir lernten uns auf der Frankfurter Buchmesse kennen (Wir wurden einander auf ... vorgestellt).*

Die eigene Gesellschaft vorstellen

We are retailers of... .	*Wir sind Einzelhändler für ... .*
We are manufacturers of... .	*Wir stellen ... her.*
We are distributors specialized in electrical goods.	*Wir sind eine Vertriebsgesellschaft, die auf elektrische Geräte spezialisiert ist.*
We are specialists in marine insurance.	*Wir sind Spezialisten für Seeversicherungen.*
We are a trading company specialising in the promotion, marketing and sales of Hi-Fi equipment to Middle Eastern countries.	*Wir sind eine Handelsgesellschaft, die sich auf Werbung, Vermarktung und Verkauf von Hi-Fi-Equipment/-Anlagen für den Mittleren Osten spezialisiert.*
We are one of the leading German suppliers of pharmaceutical products to the Third World.	*Wir sind einer der führenden deutschen Lieferanten für pharmazeutische Produkte in die Dritte Welt.*

Die Art des Abkommens näher erläutern

We would like to form a partnership.	*Wir möchten eine Partnerschaft/ Teilhaberschaft aufbauen.*
We would be interested in an agency agreement to cover the whole of Eastern Europe.	*Wir wären an einem Vertretervertrag für ganz Osteuropa interessiert.*
We are interested in offering our services to you for the distribution of your products in this part of the world.	*Wir möchten Ihnen unsere Dienste beim Vertrieb Ihrer Produkte in diesem Teil der Erde anbieten.*
We would be interested in forming a joint venture with your company.	*Wir sind an einem Joint-Venture mit Ihrer Firma interessiert.*

Ein Angebot machen

We would like to offer our services as... . — *Wir möchten unsere Dienste als ... anbieten.*

We would like to suggest a collaboration in the development and commercialisation of new technologies. — *Wir möchten eine Zusammenarbeit bei der Entwicklung und Vermarktung neuer Technologien vorschlagen.*

Auf günstige Handelsbedingungen hinweisen

If your company is interested in starting or increasing sales to... (country), this presents a good opportunity. — *Falls Ihre Firma daran interessiert ist, den Vertrieb in... (Land) aufzunehmen oder zu intensivieren, bietet sich hiermit eine gute Gelegenheit dazu.*

There is potentially a very good market for quality leather shoes in this part of the world. — *In diesem Teil der Erde gibt es für Qualitätslederschuhe einen hervorragenden potentiellen Markt.*

There is much demand for your type of product here. — *Nach Produkten wie Ihrem besteht hier eine große Nachfrage.*

The market is expanding / opening up / booming / beginning to pick up. — *Der Markt expandiert / öffnet sich / boomt / erholt sich allmählich wieder.*

The continuing consumer boom in... (country) has created a promising market for...(product). — *Die anhaltende Hochkonjunktur in ... (Land) hat einen vielversprechenden Markt für ... (Produkt) geschaffen.*

Um Antwort bitten

We hope you will give this proposal your kind consideration. — *Wir hoffen, daß dieser Vorschlag Ihr Interesse findet.*

We look forward to receiving your comments on the above / on this proposal. — *Wir freuen uns auf Ihre Beurteilung des obengenannten / dieses Vorschlags.*

In case you are unable to help us with this proposal, we would be grateful if you could put us in touch with a company that may be interested. — *Sollten Sie nicht in der Lage sein, auf unseren Vorschlag einzugehen, wären wir Ihnen dankbar, wenn Sie uns mit einer Firma in Kontakt bringen könnten, die eventuell daran interessiert wäre.*

ANMERKUNGEN

➔ Beachten Sie die ing-Form in: **with a view to entering into...** (im Hinblick auf einen Einstieg in ...).

➔ Merken Sie sich das Verb **to be aware (of)**: „sich einer Sache bewußt sein, über etwas unterrichtet sein"; die betontere Form **you are not unaware (of the fact that...)** muß im Deutschen, wegen ihres doppelter Verneinung, mit „Sie sind sich sicherlich (der Tatsache) bewußt, daß ..." übersetzt werden.

➔ Beachten Sie die Redewendung **to feel confident**: „überzeugt / sich sicher sein".

NUN SIND SIE DRAN!

• We are a trading company .... in the .... and .... of construction equipment .... the Asian market. We .... an agency agreement for the commercialisation of your products .... this part of the world.

• We are retailers .... video games and .... interested in acting as agents .... you in Western Africa. We .... our brochure detailing our activities. We look .... your comments .... this proposal.

• We .... distributors .... computers and .... be interested in a partnership .... the distribution of your products, to cover the whole .... Northern Europe. If you are interested .... this proposal, please get in .... with us as soon as possible.

13 VERTRÄGE AUFSETZEN

Herr Müller legt die Vertragsbedingungen der Handelsvertretung mit der amerikanischen Firma Panorama fest.

Schreiben Sie Herrn Müllers Brief mit Hilfe nachfolgender Begriffe:

(1) *„Bezug nehmend auf“:*
In reference at
To refer to
With reference to

(2) *Eine Alleinvertretung vorschlagen:*
exclusive representation
only commercialisation
sole agency

(3) *„Anbei finden Sie“:*
Inside please find
Enclosed are
You will find joined

(4) *Um Unterzeichnung beider Exemplare bitten:*
sign the two copies
sign the examples twice
sign both copies

(5) *„zusammen mit“:*
together with
besides
further to

(6) *„Für weitere Fragen“:*
For all other information
If you have more questions
Should you have any further queries

(7) *„ ... stehe ich Ihnen gerne zur Verfügung“:*
I am to be disposed of
I am in your disposition
please do not hesitate to contact me

(8) *„unser baldiges Treffen“:*
our next encounter
our future rendez-vous
our forthcoming meeting

Brief 17

LUXI PHON
Magdeburger Straße 250 • 1000 Berlin 75

Mr T. Southampton
Panorama Ltd
1150 Grand Boulevard
Los Angeles
CA 90041 USA

12th May 19...

Your ref.: TS/PL 314
Our ref.: JM/S 67

Dear Mr Southampton,

Agency Agreement

(1) .... our telephone conversation of Thursday, I am pleased to confirm the agency agreement giving you (2) .... for our products in the United States.

(3) .... two copies of our terms for the agency agreement. Would you please (4) .... and return them to me, (5) .... any comments or amendments you would like to make regarding the contents. (6) .... concerning the conditions of the agency agreement (7) ....

I look forward to (8) .... to discuss the final contract, and hope this is the beginning of a long and mutually beneficial association.

Yours truly,

J. Müller

J. Müller
Export Manager

Encs.

Lösung auf Seite 133

REDEWENDUNGEN

Den Vertrag bestätigen

With reference to our discussion / your letter / our telephone conversation, we are pleased to confirm… .	*Bezug nehmend auf unser Gespräch / Ihren Brief / unser Telefongespräch freuen wir uns, … zu bestätigen.*
the agency agreement	*der Vertretervertrag*
our partnership	*unsere Partnerschaft*
our joint venture	*unser Joint-Venture/Gemeinschaftsunternehmen*
the franchise	*die Franchise / das Alleinverkaufsrecht*

Um Unterzeichnung bitten

Enclosed are two copies of the contract.	*In der Anlage finden Sie zwei Kopien des Vertrags.*
Would you please sign both copies and return one to me.	*Unterzeichnen Sie bitte beide Kopien und senden Sie eine an mich zurück.*
Enc.(s), Encl.(s)	*Anlage(n)*

Schlußformeln

If you have any further queries regarding the conditions of the contract please do not hesitate to contact me.	*Sollten Sie weitere Fragen zu den Vertragsbedingungen haben, stehe ich Ihnen gerne zur Verfügung.*
I look forward to our forthcoming meeting.	*Ich freue mich auf unser baldiges Treffen.*
I hope this is the beginning of a long and mutually beneficial association (between our two companies).	*Ich hoffe, dies ist der Anfang einer langen und (für beide Firmen) fruchtbaren Zusammenarbeit.*
Please let us know within 3 weeks if these terms are acceptable.	*Bitte geben Sie uns innerhalb der nächsten drei Wochen Bescheid, ob Sie mit diesen Bedingungen einverstanden sind.*

Im nebenstehenden Vertrag sind alle in dieser Art von Dokumenten häufig vorkommenden Elemente fettgedruckt.

AGREEMENT No. 176

General conditions

1. Panorama Ltd (**hereafter referred to as** "The Agent") must work **exclusively** for Luxiphon (hereafter referred to as "The Company").
2. The Agent **must undertake** not to work for The Company's competitors.
3. The Agent must **confine his activities to the area of** the United States of America.
4. **The Agent's task is to** represent The Company in all ways necessary **to promote the commercial success** of The Company's products in the United States, including presenting catalogues and giving demonstrations to customers, carrying out marketing and advertising campaigns, and managing the importation, sales and distribution of all such products.
5. The Company **is prepared to spend an average of** DM 150,000 per year on advertising. The Company **will advise on** marketing and advertising of the goods.
6. **The contract is limited initially to** 2 years, and **may be renewed** based on **an annual evaluation** of the Agent's performance.

VERTRAG NR. 176

Allgemeine Bedingungen

1. *Die „Panorama Ltd" (nachfolgend „der Agent" genannt) darf ausschließlich für „Luxiphon" (nachfolgend „die Firma" genannt) tätig werden.*
2. *Der Agent muß sich verpflichten, nicht für die Konkurrenz der Firma zu arbeiten.*
3. *Der Agent muß seine Tätigkeit auf das Gebiet der USA beschränken.*
4. *Aufgabe des Agenten ist es, die Firma mit allen Mitteln zu repräsentieren, die für einen wirtschaftlichen Erfolg der Firmenprodukte in den USA notwendig sind. Dies schließt die Präsentation von Katalogen, Kundenvorführungen, die Durchführung von Marketing- und Werbekampagnen sowie Import, Verkauf und Vertrieb aller jener Produkte ein.*
5. *Die Firma ist bereit, durchschnittlich DM 150.000 pro Jahr für Werbezwecke auszugeben. Die Firma wird beim Vertrieb der Produkte und bei deren Werbung beratend tätig sein.*
6. *Der Vertrag ist zunächst auf zwei Jahre befristet und kann auf der Grundlage einer alljährlichen Bewertung der Tätigkeit des Agenten verlängert werden.*

7. The contract **may be cancelled by either party subject to 3 months' notice**.

8. There will be a **trial period of** 6 months at the end of which either party may cancel the contract subject to one month's notice.

9. Goods are sold **on a commission basis** but The Company is prepared **to take on** part of the administration and marketing costs. The Company's **normal rate of commission** for overseas representatives is 20 % of the turnover. This commission is payable on all orders placed through The Agent or his/her intermediaries, and is to include **any expenses** The Agent **incurs, provided** The Agent sends the Company full details of such expenses and the **corresponding receipts**. The commission will be **paid quarterly**.

…/…

7. *Der Vertrag kann mit dreimonatiger Frist von jedem Vertragspartner gekündigt werden.*

8. *Nach einer Probezeit von 6 Monaten, kann jeder Vertragspartner unter Einhaltung einer einmonatigen Kündigungsfrist den Vertrag kündigen.*

9. *Die Waren werden auf Kommissionsbasis verkauft. Die Firma ist jedoch bereit, einen Teil der Verwaltungs- und Werbungskosten zu übernehmen. Der normale Kommissionssatz der Firma liegt für Auslandsvertreter bei 20% des Umsatzes. Diese Kommission ist zahlbar für alle vom Agenten oder seiner Mittelsperson gebuchten Aufträge und muß sämtliche Ausgaben einbeziehen, die dem Agenten entstehen, vorausgesetzt, der Agent schickt der Firma eine genaue Auflistung aller Aufwendungen mit den dazugehörigen Quittungen. Die Kommission wird vierteljährlich ausbezahlt.*

…/…

NUN SIND SIE DRAN!

- With .... your letter of 9th September, I have .... in confirming the franchise agreement authorising you to set up a branch of our company in Brazil. .... are two copies of the franchise agreement. Please .... copies and .... one to me.

- The general conditions of the contract are as follows:

– The contract is .... initially to 5 years, but may be .... for a further year .... an annual evaluation of your company's performance.
– Our representatives work .... a commission ....
– Commission is .... all orders.

14 DANKSCHREIBEN

FORMELLE DANKSCHREIBEN

Herr Müller ist sehr zufrieden mit seinem Englandaufenthalt und den Begegnungen mit Frau Johnson und George. Als er im Büro eine ruhige Minute hat, beschließt er, Dankesbriefe zu schreiben. Der erste Brief geht an Frau Johnson, der zweite an George, den er außerdem etwas Wichtiges fragen möchte ...

Helfen Sie ihm, sein erstes Dankschreiben aufzusetzen:

(1) *Die Anrede:*
Dear Angela
Dear Madam
Dear Mrs Johnson

(2) *Die Dankesformel:*
I am interested in thanking you
I must thank you
I should like to thank you

(3) *Der Grund des Dankes:*
the great time
the fruitful meeting
the good reunion

(4) *„Ihre Gastfreundschaft":*
your excellent welcome
your undivided attention
your kind hospitality

(5) *Etwas bewerten:*
most interesting
great fun
a worthwhile experience

(6) *Den Eingang einer Bestellung erwarten:*
we shall shortly be receiving
you will not delay in sending
you have not forgotten about

(7) *An den Gegenstand des Geschäfts erinnern:*
I want you to buy
I showed you
we discussed during our meeting

(8) *Auf dauerhafte Zusammenarbeit hoffen:*
good relations
more meetings
renewed transactions

(9) *Die Grußformel:*
Yours faithfully
Yours sincerely
Regards

Brief 18

(1) ....,

(2) .... for (3) .... we had last Tuesday and for (4) .... It was (5) .... to visit your company and become better acquainted with your business operations.

I trust (6) .... your order for the new products (7) ...., and look forward to (8) .... between our two companies.

(9) ....,

J. Müller

J. Müller
Export Manager

Lösung auf Seite 134

INFORMELLE DANKSCHREIBEN

In seinem Schreiben an George benutzt Jens Müller einen ganz anderen Stil. Hier ist sein vollständiger Brief:

Brief 18a

Dear George,

Many thanks for the very pleasant evening at the White Horse the other night. I haven't enjoyed myself so much for a long time and it was lovely to see you again; we ought to make it more of a regular event. Incidently, I found your friend Sarah particularly charming. I don't suppose you have her address do you?
Hope to see you again soon. Why don't you come and visit me in Berlin next time?

Best wishes,

Jens

REDEWENDUNGEN

Dankesformeln

informell:

Many thanks for your help.	*Vielen Dank für Deine Hilfe.*
Thank you for the lovely evening.	*Danke für den schönen Abend.*
Thanks very much for having us.	*Vielen Dank für Deine Einladung.*
Thanks a lot for your letter.	*Herzlichen Dank für Deinen Brief.*

formell:

I wanted / would like to thank you for your hospitality.	*Ich wollte/möchte Ihnen für Ihre Gastfreundschaft danken.*
Please accept our warmest thanks for... .	*Wir möchten uns ganz herzlich für ... bedanken.*
It was most kind of you to offer us a reduction on the remainder of your stock.	*Es war sehr freundlich von Ihnen, uns auf den restlichen Lagerbestand einen Nachlaß zu gewähren.*
We should like to express our gratitude / our sincere thanks for... .	*Wir möchten Ihnen unseren aufrichtigen Dank für ... aussprechen.*
I am most grateful to you for all your help and hospitality during my stay in York.	*Ich bin Ihnen sehr dankbar für Ihre Hilfe und Gastfreundschaft während meines Aufenthalts in York.*
Thank you for your hospitality on the occasion of our meeting.	*Haben Sie Dank für Ihre Gastfreundschaft bei unserem Treffen.*

ANMERKUNGEN

➔ Beachten Sie den Gebrauch des Superlativs **most**, um etwas Positives hervorzuheben: **It was most interesting to visit...**, d. h.: Es war höchst/äußerst interessant, ... zu besuchen.

NUN SIND SIE DRAN!

• *Sie waren bei Freunden zum Abendessen eingeladen. Bedanken Sie sich schriftlich bei ihnen für den schönen Abend (lovely evening) und das ausgezeichnete Essen (excellent meal).*

• Please .... my warmest thanks .... your kind .... during my visit to Nairobi last week.

• I .... you for the useful advice and the interesting documents you gave me .... our last meeting.

15 ANGEBOTE UND EINLADUNGEN

FORMELLE EINLADUNG

Kurz nach seiner Rückkehr aus England erhält Herr Müller ein königliches Schreiben vom Buckingham Palace. Die Firma Luxiphon wird aufgefordert, sich im Rahmen einer Ausschreibung als offizieller Hoflieferant zu bewerben. Darüber hinaus wird Herr Müller zu einem Empfang eingeladen.

Vervollständigen Sie den Brief des Hofbeamten mit Hilfe nachfolgender Begriffe:

(1) *Die Anrede:*
Dear Sir/Madam
Dear Luxiphon
Dear Sir

(2) *Die Formulierung der Einladung:*
have pleasure in inviting you
are honoured to invite you
would like to invite you

(3) *Die Ankündigung der Ausschreibung:*
to be official supplier
for a position as official supplier
for a contract as offical supplier

(4) *Auf eine Anlage hinweisen:*
We include herewith
Please find enclosed
Enclosed is

(5) *An einem Empfang teilnehmen:*
to attend a reception
to assist at a reception
to come to a party

(6) *Wir freuen uns auf „Ihre baldige Antwort“:*
your letter
seeing you
your early reply

(7) *Die Grußformel:*
Yours sincerely
Regards
Yours faithfully

Brief 19

On Her Majesty's Service
Buckingham Palace
St James Park, London

(1) ....,

The administrators of Buckingham Palace (2) .... to tender (3) .... to Her Majesty the Queen.

(4) .... an invitation (5) .... at the Palace, at which all current and potential suppliers will be present.

We look forward to (6) ....

(7) ....,

R. Blue

R. Blue
Administrator
Buckingham Palace

Enc.

Lösung auf Seite 134

Her Majesty's Suppliers
request the pleasure of the company of
Mr J. Müller
at a reception to be held at
Buckingham Palace
on Friday 20th June at 6 p.m.

Formal dress R.S.V.P.

INFORMELLE EINLADUNG

Herr Müller ist der Ansicht, daß diese kleine Reise nach England eine wunderbare Gelegenheit wäre, die bezaubernde junge Sarah Hampshire wiederzusehen, die er bei seinem Freund George kennengelernt hat. Er nimmt also seine schönste Feder zur Hand und beginnt mit seinem Brief ...

Helfen Sie Herrn Müller dabei, diesen sehr persönlichen Brief an Ms Hampshire zu schreiben:

(1) *Die Anrede:*
Dear Miss Hampshire
Dear Madam
Dear Sarah

(2) *Erste Kontaktaufnahme:*
decided to write to you
taken the liberty of writing to you
considered writing to you

(3) *Sein Vorhaben ankündigen:*
I am due to be
I might be
I am probably

(4) *Vorsichtig anfragen:*
thought we might
was wondering if we could
wanted us to

(5) *Einen konkreten Vorschlag machen:*
What about
How would you like to go to
And if we went to

(6) *Um Antwort bitten:*
Let me know
Tell me
Contact my secretary to say

(7) *„würde Ihnen am besten passen“:*
would suit you best
fits in with your schedule
is fine by you

(8) *Die Aufgabe der Sekretärin:*
to occupy things
to get organised
to make the necessary reservations

(9) *„es einrichten können“:*
come
be able to make it
be interested

(10) *Die Grußformel:*
Yours faithfully
Yours sincerely
Best wishes

Brief 20

Heinrich-Heine-Str. 85
1000 Berlin 61

Ms Sarah Hampshire
34 George Street
Birmingham

3rd June 19...

(1) ....,

I have (2) .... as (3) .... in England again soon, for the week beginning 20th June, and (4) .... spend an evening together. (5) .... that new play at the Royal Theatre, followed, of course, by dinner? (6) .... which day (7) ...., and I will ask my secretary (8) ....

I hope you will (9) .... as I am very much looking forward to seeing you again.

(10) ....,

Jens

Lösung auf Seite 134

REDEWENDUNGEN

Formelle Einladungen

The chairman and directors have pleasure in inviting you to attend the company Christmas Party to be held at the Victoria Hotel, Knightsbridge, on Saturday 20th December, at 8 o'clock.

Der Vorsitzende und der Vorstand freuen sich, Sie am Samstag, dem 20. Dezember, um 20 Uhr zur Weihnachtsfeier der Firma ins Hotel Victoria, Knightsbridge einzuladen.

Mr and Mrs Smith request the pleasure of the company of Mr and Mrs Jones at their daughter Jane's wedding reception to take place at... (place) on... (date) at... (time).

Herr und Frau Smith geben sich die Ehre, Herrn und Frau Jones zur Hochzeit(sfeier) ihrer Tochter Jane am ... um ... in ... einzuladen.

Informelle, private Einladungen

We are planning a small dinner party on… at… .	*Wir möchten (Euch) am … um … zu einem Abendessen im kleinen Kreis einladen.*
We hope you will be able to come.	*Wir hoffen, daß Ihr kommen könnt.*
We should be very pleased if you could have dinner with us on Friday evening.	*Wir würden uns sehr freuen, wenn Ihr Freitag abend zu uns zum Essen kommen könntet.*
We wondered whether you would be interested in going to the opening night of… with us.	*Wir haben uns überlegt, daß es Dich vielleicht interessieren würde, mit uns zur Premiere von … zu gehen.*
I should like to invite you to accompany me on a trip to Russia next month.	*Ich würde Dich gerne einladen, mich nächsten Monat auf eine Rußlandreise zu begleiten.*
Would you be interested in coming with us to…?	*Hättest Du Lust, mit uns nach … zu kommen?*

Zusätzliche Hinweise

formell:

formal dress	*Gesellschaftskleidung*
evening dress	*Abendkleidung*
fancy dress	*Verkleidung*
casual dress	*zwanglose/legere Kleidung*
informal/casual business attire	*legere Geschäftskleidung*
R.S.V.P.	*um Antwort wird gebeten*
Please reply before… .	*Bitte geben Sie bis … Bescheid.*

informell:

Let me know which day would suit you best.	*Sag mir bitte, welcher Tag Dir am besten paßt.*
We do hope you can come.	*Wir hoffen wirklich/sehr, daß Du kommen kannst.*
We are looking forward to seeing you.	*Wir freuen uns darauf, Dich zu sehen.*

Einladungen zu geschäftlichen Veranstaltungen

I should like to extend an invitation to you…	*Hiermit möchte ich Sie einladen, …*
to have lunch with our company staff on Thursday 9th December.	*zu einem Mittagessen mit unseren Mitarbeitern am Donnerstag, den 9. Dezember.*
to visit our premises.	*unsere Geschäftsräume zu besuchen.*

You are invited to attend a cocktail party after the conference. | *Wir möchten Sie zu einer Cocktailparty einladen, die im Anschluß an die Konferenz stattfindet.*

ANMERKUNGEN

→ Beachten Sie, daß bei formellen, gedruckten Einladungen auf Anrede und Schlußformel verzichtet wird. Unten auf der Einladung können auch Einzelheiten erwähnt sein, wie z. B. die erwünschte Kleidung oder die Bitte um Antwort. Hierfür benutzt man im Englischen übrigens die französische Abkürzung **R.S.V.P.** für „répondez s'il vous plaît".

→ Merken Sie sich die inhaltliche Reihenfolge auf einer Einladung:
- Wer lädt wen ein?
- Rahmen: **a reception, a banquet, a dinner...** (ein Empfang, ein Bankett, ein Abendessen)
- Ort: **to be held / to take place AT...** (findet ... statt)
- Datum: **ON...** (am ...)
- Uhrzeit: **AT...** (um ...)
- Anlaß: **in honour of...** (zu Ehren von ...)

NUN SIND SIE DRAN!

- The President of Europa Ltd .... the .... of your company .... a luncheon to take .... at the York Hotel, Chelsea .... Thursday 5th March .... 1 o'clock, in .... of his retirement.

- We are going to the theatre next week with a few friends and .... if you .... to come.

- Mr and Mrs Simpson request the .... of your .... at a banquet .... held .... the Ritz Hotel, on Friday 21 April, ... 6 p.m.

- We .... some friends over .... lunch next Sunday. We would be .... if you .... join us.

- I wondered .... you would be interested .... going .... a museum next week. Let me know whether you .... come.

16 EINLADUNGEN BEANTWORTEN

FORMELLE ANTWORTEN

Herr Müller freut sich sehr über die Einladung aus dem Buckingham Palace und beschließt, sofort zuzusagen. Er faßt zwei verschiedene Antwortschreiben ab, da es sich um zwei unterschiedliche Anlässe handelt: die Ausschreibung und den Empfang.

Helfen Sie ihm, die beiden Briefe zu verfassen und wählen Sie den jeweils passenden Begriff:

Zusage zur Ausschreibung

(1) *Die Anrede:*
Dear Mr Blue
Dear Madam
To whom it may concern

(2) *Sich auf ein Schreiben beziehen:*
In reply to your letter
Regarding your correspondence
About your invitation

(3) *Die Einladung annehmen:*
we are glad to accept
we have pleasure in accepting
we must accept

(4) *An der Ausschreibung teilnehmen:*
to apply for a position
to work
to tender for a contract

(5) *Um zusätzliche Informationen bitten:*
We are keen on
We look forward to
We would be interested in

(6) *„schriftliches Material":*
news
brochures
instructions and documentation

(7) *Die Grußformel:*
Yours sincerely
Regards
Yours faithfully

Zusage zum Empfang

(8) *Sich für die Einladung bedanken:*
is grateful to
would like to express his warmest thanks to
thanks

(9) *An den Anlaß erinnern:*
for having invited him
for sending him an invitation
for their kind invitation

(10) *Die Einladung annehmen:*
he has much pleasure in accepting
he is pleased to accept
he accepts

Brief 21

3rd June 19...

(1) ....,

(2) .... of 1st June (3) .... your invitation
(4) .... as official supplier to Her Majesty the Queen.

(5) .... receiving further (6) ....
regarding the tender procedure.

(7) ....,

J. Müller
Export Manager

Lösung auf Seite 135

Brief 22

Dear Sir,

Mr Müller (8) .... Her Majesty's Suppliers
(9) .... to the reception at Buckingham Palace on
Friday 20th June which (10) ....

Yours faithfully,

J. Müller
Export Manager
Luxiphon

Lösung auf Seite 135

INFORMELLE ANTWORTEN

Herr Müller erhält eine Antwort von Sarah Hampshire, die er ins Theater eingeladen hatte.

Vervollständigen Sie ihren Brief mit Hilfe folgender Begriffe:

(1) *Die Anrede:*
Dear Jens
Dear Sir
Dear Mr Müller

(2) *Sich bedanken:*
thanks
please accept my sincerest thanks
I should like to express my gratitude

(3) *Die Einladung annehmen:*
I have pleasure in accepting
I should be honoured
I would be delighted

(4) *Vorfreude ausdrücken:*
We look forward
It will be a pleasure
I am keen

(5) *Die Grußformel:*
Best wishes
Yours faithfully
Yours sincerely

Brief 23

(1) ....,

(2) .... for the invitation. (3) .... to go to the theatre with you. The best day for me would be Monday 23rd June.
(4) .... to see you again!

(5) ....,

Sarah

Lösung auf Seite 135

REDEWENDUNGEN

Sich für eine Einladung bedanken

formell:

Mr and Mrs John Smith thank Mr and Mrs David Smythe for their kind invitation to dinner. — *Wir bedanken uns herzlich bei Ihnen für die freundliche Einladung zum Abendessen. (besonders förmlich)*

Thank you for your kind invitation to the conference. — *Wir bedanken uns für Ihre freundliche Einladung zur Teilnahme an der Konferenz.*

informell:

Thanks a lot for the invitation. — *Vielen Dank für die Einladung.*

Many thanks for the invitation to lunch. — *Vielen Dank für die Einladung zum Mittagessen.*

Eine Einladung annehmen

formell:

... which they/we/I have much pleasure in accepting. — *... die sie/wir/ich gern annehme(n).*

... which I/we should/would be delighted to accept. — *... die ich/wir sehr gern annehme(n) / annehmen würde(n).*

informell:

I would love to come. — *Ich komme sehr gern.*

I would be delighted to join you on Thursday. — *Ich würde mich sehr freuen, am Donnerstag dabei zu sein.*

Eine Einladung absagen

formell:

... which they are regretfully unable to accept owing to a prior engagement. — *... der sie leider wegen einer anderweitigen Verpflichtung nicht nachkommen können.*

... which he is unfortunately unable to attend owing to... . — *... an dem/der er leider wegen ... nicht teilnehmen kann.*

... which I must unfortunately decline as I shall be out of the country on 5th September. — *... den/die/das ich leider absagen muß, da ich am 5. September im Ausland bin.*

informell:

I am afraid I won't be able to make it on Saturday as I already have something on. — *Leider kann ich am Samstag nicht kommen, da ich schon etwas vorhabe.*

Unfortunately I will be out of town on the 27th and therefore will not be able to attend the conference.

Bedauerlicherweise bin ich am 27. nicht in der Stadt und werde deshalb nicht an der Konferenz teilnehmen können.

ANMERKUNGEN

→ Merken Sie sich folgende Präpositionen, die ähnlich wie im Deutschen verwendet werden:
your invitation TO the dinner/banquet/reception AT Bicton Hall
Aber ganz anders als im Deutschen:
we have much pleasure IN accepting…

NUN SIND SIE DRAN!

formell:

• Mr and Mrs Jones .... Mr and Mrs Cavendish .... their .... invitation .... dinner, which they are regretfully .... to accept .... to a prior engagement.

informell:

• .... for the invitation .... dinner. I .... I won't .... to make it as I am going on holiday next week.

• Thank .... very much .... to spend a weekend in Glasgow. We .... delighted to ....

17 GESCHÄFTLICHE MITTEILUNGEN

Herr Müller ist sehr stolz: Luxiphon wurde zum offiziellen Lieferanten der Königin von England bestimmt. Hiervon möchte er auf jeden Fall die Kundschaft in Kenntnis setzen!

Helfen Sie ihm, seine Mailing-Aktion vorzubereiten:

(1) *Die Anrede:*
Dear Sir
Dear Sir/Madam
Dear Customer

(2) *Eine Nachricht ankündigen:*
We are happy to inform you
We have pleasure in announcing
We would like you to know

(3) *Eine Begründung anführen:*
is due to
was awarded for
comes as a reward for

(4) *„wir sind immer bemüht, ... anzubieten“:*
we give
we always strive to offer
we are offering

(5) *„(wenn) Sie Ihre Bestellung aufgeben“:*
you place your order
you give your order
you pass your order

(6) *„mit getrennter Post“:*
enclosed
soon
under separate cover

(7) *Die Kundschaft beliefern:*
give them
furnish them with
provide them with

(8) *Die Gewohnheiten der Kunden ansprechen:*
they are accustomed to
to which they are accustomed
they want

(9) *Die Grußformel:*
Best wishes
Yours faithfully
Yours sincerely

LUXI PHON Magdeburger Straße 250 • 1000 Berlin 75

Purchasing department
Barnes & Sons
100 Greyson Gardens
London W1 SQ2

2nd July 19…

(1) ……………………,

(2) …………………… that our company has recently been accepted as official supplier to Her Majesty the Queen.

This contract (3) …………………… the excellent quality and service (4) …………………… our customers. To mark the event we are offering special prices on our Mars and Princess ranges if (5) …………………… before 1st August. We are sending you our latest catalogue (6) …………………… .

We look forward to maintaining the special relationship we have with our customers and to continuing to (7) …………………… the prompt service and quality products (8) …………………… .

(9) ……………………,

J. Müller

J. Müller
Export Manager

Lösung auf Seite 135

REDEWENDUNGEN

Ein Ereignis ankündigen

We are writing to inform you that Mr Hampshire will be retiring as Chairman of the Board in June.	*Hiermit informieren wir Sie, daß Herr Hampshire im Juni aus seiner Position als Aufsichtsratvorsitzender ausscheiden wird.*
You will be interested to know that we have just introduced / brought out our new range of DIY products.	*Es wird Sie interessieren, daß wir gerade unser neuestes Sortiment an Heimwerkerprodukten herausgebracht haben.*
We have pleasure in announcing the opening of our new High Street branch.	*Wir freuen uns, die Eröffnung unserer neuen Zweigstelle im Stadtzentrum bekanntgeben zu können.*
We have pleasure in informing/ notifying you of the recent merger of our company with Matsita Computers Ltd.	*Wir freuen uns, Ihnen die kürzlich vollzogene Fusion unserer Firma mit Matsita Computers mitteilen zu können.*
May we draw your attention to the long-awaited arrival of our new "Fun Pens".	*Wir möchten Sie darauf aufmerksam machen, daß unsere lang erwarteten „Fun"-Schreiber jetzt eingetroffen sind.*
We are pleased to be able to give you details of our brand new model of vacuum cleaner.	*Wir freuen uns, Sie in allen Einzelheiten über unser allerneuestes Staubsaugermodell informieren zu können.*
We are delighted to introduce to you our brand-new range of office furniture.	*Wir freuen uns sehr, Ihnen unsere allerneueste Büromöbelserie vorstellen zu können.*

Auf ein Sonderangebot aufmerksam machen

To mark the event we are offering…	*Zu diesem Anlaß bieten wir …*
special prices on our… (product).	*Sonderpreise für unser(e) … .*
a special discount for all orders exceeding a value of £500.	*einen Sonderrabatt auf alle Bestellungen über £500.*
a discount of 3% if you place your order before 1st May.	*einen Rabatt von 3%, wenn Sie Ihre Bestellung vor dem 1. Mai aufgeben.*
To mark the occasion we are making a special offer of a free gift with every order.	*Aus diesem Anlaß erhalten Sie gratis zu jeder Bestellung ein Geschenk.*

Vorteile und Besonderheiten hervorheben

As a result of this merger we are able to offer you a much wider range of products and significant price reductions.
Infolge dieser Fusion können wir Ihnen eine viel breitere Produktpalette und beträchtliche Preisnachlässe gewähren.

You will find this new version of the... (product) even more accurate/efficient/attractive/economical/user-friendly/reliable.
Sie werden feststellen, daß diese neue Variante von... (Produkt) sogar noch genauer/leistungsfähiger/attraktiver/wirtschaftlicher/anwenderfreundlicher/zuverlässiger ist.

Our new branch has the added advantage of being situated right in the heart of the business district.
Unsere neue Zweigstelle bietet zusätzlich den Vorteil, daß sie mitten im Geschäftsviertel liegt.

Our products are reputed for their ingenious design, high quality, and competitive prices.
Unsere Produkte sind für ihr originelles Design, ihre hohe Qualität und konkurrenzfähige Preise bekannt.

Danksagungen

It came to my notice recently that, after fifteen years doing business together, your company is one of our oldest customers. I should like to take this opportunity of thanking you for your regular patronage. We also very much appreciate your continued contribution to the prosperity of our business through your recommendations to potential customers.
Kürzlich stellte ich fest, daß Ihre Firma nach 15jähriger geschäftlicher Zusammenarbeit einer unserer ältesten Kunden ist. Ich möchte diese Gelegenheit nutzen, um Ihnen für Ihre langjährige Treue zu danken. Auch wissen wir es sehr zu schätzen, daß Sie durch die Weiterempfehlung an potentielle neue Kunden zur Prosperität unserer Firma beigetragen haben.

8 ANMERKUNGEN

➔ **We are offering** wird vorzugsweise verwendet, wenn es sich um ein zeitlich begrenztes Angebot handelt, **we offer**, wenn das Produkt immer zur Angebotspalette gehört.

➔ Beachten Sie, daß die unterschiedliche Position der Präposition **to** in den nachfolgenden Beispielen einen Unterschied in der Sprachebene anzeigt:
formell = **TO which they are accustomed**
informell = **which they are accustomed TO**

NUN SIND SIE DRAN!

• You will be .... that we have just brought out a new .... of Hi-Fi equipment. To .... the occasion, we .... a discount on all orders .... £2000. We .... our latest catalogue .... separate cover.

• We .... in announcing the merger of .... with United Motors Ltd. As .... of this merger we .... to offer a much wider .... of cars at reduced ....

• To mark the opening of .... factory .... New Malden, we .... 5% off list-price if .... your order within the next month.

• You .... interested to know that we have recently brought .... our .... new selection .... ozone-friendly hairsprays. You .... find this version .... the hairspray .... economical and easy to use.

18 PERSÖNLICHE KORRESPONDENZ

Herr Müller erfährt, daß seine Ansprechpartnerin bei Electron, Angela Johnson, kürzlich zur Europabeauftragten ihrer Firma befördert wurde. Er schickt ihr Glückwünsche.

Helfen Sie ihm, seine Glückwünsche in die richtige schriftliche Form zu bringen:

(1) *Die Anrede:*
Dear Madam
Dear Angela
To whom it may concern

(2) *Welche Zeitform ist richtig?*
I was delighted
I have been delighted
I would be delighted

(3) *„ernannt worden sind":*
have become
have been positioned
have been appointed

(4) *Erfolg wünschen:*
I hope you will be successful
May I wish you every success
May your success be great

(5) *Kompetenz anerkennen:*
the good qualities
the right qualities
the best qualities

(6) *Gemeinsame Wünsche schicken:*
send you
join me in wishing you
join me in sending you

(7) *„unsere langjährige Zusammenarbeit fortzusetzen":*
continuing our long association
your continued custom
your next order

(8) *Die Grußformel:*
Yours faithfully
With best wishes
Yours sincerely

Brief 25

LUXI PHON
Magdeburger Straße 250 • 1000 Berlin 75

Mrs A Johnson
Electron Ltd
25 St James Street
Birmingham B25 8HO

18th September 19...

(1) ....,

(2) .... to learn that you (3) .... Regional Manager for Europe. (4) .... in your new post, for which I am sure you have just (5) .... and experience.

My colleagues (6) .... our warmest congratulations, and we look forward to (7) ....

(8) ....,

Jens Müller

Jens Müller

Lösung auf Seite 135

REDEWENDUNGEN

Glückwünsche aussprechen

I am writing to send you my warmest congratulations on your recent promotion to... (post).

Hiermit möchte ich Ihnen meine herzlichsten Glückwünsche zu Ihrer kürzlichen Beförderung zum/zur ... (Stelle) übermitteln.

We were pleased to hear of your appointment to the presidency of the company, and wish you every success in managing the affairs of such a flourishing enterprise.

Wir haben uns gefreut zu hören, daß Sie in den Vorstand der Firma berufen wurden und wünschen Ihnen allen erdenklichen Erfolg bei der Leitung solch eines florierenden Unternehmens.

We have just heard the good news. Many congratulations from all of us here to you and your wife/husband on the birth of your baby boy/girl.

Wir haben soeben von dem freudigen Ereignis gehört. Ihnen und Ihrer Frau / Ihrem Mann die herzlichsten Glückwünsche unser aller zur Geburt Ihres kleinen Jungen / Ihrer kleinen Tochter.

Please accept our heartiest congratulations.

Wir senden Ihnen unsere herzlichsten Glückwünsche.

We should like to send you our congratulations on the occasion of your golden wedding anniversary / your company's hundredth anniversary.

Wir möchten Ihnen zu Ihrer Goldenen Hochzeit / zum 100jährigen Bestehen Ihrer Firma unsere Glückwünsche übermitteln.

Gute Wünsche zum Jahreswechsel

We send you and your family our very best wishes for a happy Christmas and a prosperous New Year.

Wir wünschen Ihnen und Ihrer Familie ein frohes Weihnachtsfest und ein glückliches neues Jahr.

Best wishes for Christmas and the New Year.

Frohe Weihnachten und ein glückliches neues Jahr.

We would like to take this opportunity of thanking our customers for their continued patronage and of sending them our best wishes for Christmas and the New Year.

Bei dieser Gelegenheit möchten wir all unseren Kunden für Ihre Treue danken und Ihnen ein schönes Weihnachtsfest und alles Gute fürs neue Jahr wünschen.

Willkommensgrüße

Welcome to Singapore. I hope you have found a suitable house and are settling in well. Should you be in need of anything, please do not hesitate to contact me at the above address.

Willkommen in Singapur. Ich hoffe, Sie haben ein geeignetes Haus gefunden und leben sich gut ein. Sollten Sie irgendetwas benötigen, so zögern Sie bitte nicht, mich unter der obigen Adresse zu kontaktieren.

Kondolenzschreiben

May I offer you my sincere condolences. If there is anything I can do to help, please do not hesitate to let me know.

Ich möchte Ihnen mein aufrichtiges Beileid ausdrücken. Wenn ich irgendetwas für Sie tun kann, so lassen Sie es mich bitte sofort wissen.

I was deeply distressed to hear of the sudden death of Mr Hargreaves, whom we knew as an outstanding member of your staff and a good friend. All of us at Sunbeam Associates would like to convey our sincere sympathy to his family and friends.

Die Nachricht von dem plötzlichen Tod von Herrn Hargreaves, den wir alle als hervorragenden Mitarbeiter Ihres Teams und als guten Freund kannten, hat mich tief erschüttert. Wir alle von Sunbeam Associates möchten seiner Familie und seinen Freunden unser tiefstes Mitgefühl ausdrücken.

We were deeply sorry to hear about Janet's tragic death. It is a great loss to all who knew her. Would you be so kind as to pass on our condolences to her husband and family.

Die Nachricht von Janets tragischem Tod hat uns mit tiefer Trauer erfüllt. Er bedeutet einen großen Verlust für alle, die sie kannten. Bitte seien Sie so freundlich, ihrem Mann und ihrer Familie unser Beileid zu übermitteln.

You have the deepest sympathy of everyone on our staff.

Seien Sie des tiefsten Mitgefühls unserer gesamten Belegschaft versichert.

Genesungswünsche

I was sorry to hear that you have been taken ill. I trust that it is nothing too serious. In the meantime, please accept my very best wishes for a complete and speedy recovery.

Es tat mir leid zu erfahren, daß Sie krank geworden sind. Ich hoffe, es ist nichts allzu Ernstes und wünsche Ihnen zwischenzeitlich, daß Sie sich schnell und vollständig erholen.

We were all very sorry to hear about your accident. However, we were relieved to learn that you are over the worst and are likely to be back at the office next month. In the meantime, we all send our best wishes for a speedy recovery.

Es tat uns allen sehr leid, von Ihrem Unfall zu erfahren. Wir waren jedoch sehr erleichtert zu hören, daß Sie das Schlimmste überstanden haben und wahrscheinlich (bereits) nächsten Monat wieder im Büro sein werden. Fürs erste senden wir Ihnen alle unsere besten Wünsche für eine schnelle Genesung.

I trust you are feeling better, and send you my best wishes for a speedy recovery.

Ich hoffe, es geht Ihnen besser und wünsche Ihnen baldige Genesung.

We were glad to hear that you are making good progress.

Wir freuten uns zu erfahren, daß Sie gute Fortschritte machen.

ANMERKUNGEN

➔ Merken Sie sich, daß **to be appointed** dem deutschen „ernannt werden" entspricht, **appointment** dagegen hat mehrere Bedeutungen: einerseits kann es „Termin" oder „Verabredung" heißen, andererseits aber auch „Ernennung" oder „Anstellung".

➔ Beachten Sie auch, daß die Redewendung „(eine Neuigkeit) erfahren" im Englischen entweder durch **to learn** oder durch **to hear** ausgedrückt werden kann: **I was sorry to learn/hear that...** .

NUN SIND SIE DRAN!

• I was .... to .... that you have been taken ill. Please .... my very best wishes for .... recovery.

• We were deeply sorry to hear .... Henry's tragic death. Please .... our condolences .... his wife and family.

• It came to my notice recently .... after 15 years .... business together, your company .... become one of .... oldest customers. I .... to take the opportunity of .... you for .... regular patronage.

• I .... to learn .... you have been appointed Sales Manager. .... wish you .... in your .... post. With .... wishes.

19 MÄNGEL UND REKLAMATIONEN

Herr Müller erhält von einem Kunden eine Schadensmeldung wegen defekter Ware, die kürzlich von Luxiphon verschickt wurde. Glücklicherweise ist es ein höflicher Brief …

Vervollständigen Sie die Reklamation mit Hilfe folgender Begriffe:

(1) *Den Erhalt der Lieferung bestätigen:*
We received
We were delivered
We had received delivery

(2) *Sein Bedauern ausdrücken:*
We regret that
We were sorry that
Regrettably

(3) *Eine Erklärung anbieten:*
your having packed them wrongly
a serious error committed by the packers
inadequate packing

(4) *Eine Schadensregulierung vorschlagen:*
you will be getting compensation
you will be claiming compensation
you would insist on compensation

(5) *Eine Schadensinspektion vorschlagen:*
as evidence
for inspection
as a control

(6) *An die Garantie erinnern:*
As we agreed when signing
As you are bound by
Under the terms of

(7) *Schadensersatz verlangen:*
make sure we get replacements
send a replacement
give us our money back

(8) *Um eine schnelle Abwicklung bitten:*
hurry up
get it done quickly
attend to the matter with the utmost urgency

(9) *Unannehmlichkeiten ansprechen:*
a real nuisance to us
causing us great inconvenience
most infuriating

Brief 26

Himes Associates

Purchasing Department
251 Northern Road
Manchester • England

The Export Manager
Luxiphon
Magdeburger Str. 250
1000 Berlin 75

3rd October 19…

Ref.: GB/SD

Dear Mr Müller,

(1) …………………the consignment (Order No. 671B) this morning. (2) ……………………, some of the crates were damaged, and on unpacking them we found a number of breakages. We would suggest this is due either to (3) …………………… or to an accident in transit. As sale was on a CIF basis, we presume (4) …………………… from the carrier. We estimate the value of the damage at around £2,500. We will, of course, be keeping the damaged crates and their contents (5) …………………… (6) ……………………the guarantee, we should be most grateful if you would (7) …………………… for the damaged items. A list of these is enclosed.
We must ask you to (8) …………………… as this delay is (9) …………………… .
We look forward to an early reply.

Yours sincerely,

G. Brown
Purchasing Department

Lösung auf Seite 136

REDEWENDUNGEN

Wegen einer Lieferverzögerung reklamieren

The goods we ordered on 5th January (order No. GH550) have not yet arrived.
Die Ware, die wir am 5. Januar bestellt haben (Bestell-Nr. GH550), ist noch nicht eingetroffen.

We have not yet received our order No. 66 which we understood was shipped on 6th March.
Wir haben die bestellte Ware (Bestell-Nr. 66) noch nicht erhalten, von der wir annahmen, sie sei am 6. März verschickt worden.

We regret to inform you that our order No. GH550, which should have been delivered on 1st April, is now considerably overdue.
Leider müssen wir Ihnen mitteilen, daß sich die Lieferung (Bestell-Nr. GH550), die am 1. April hätte bei uns eingehen sollen, erheblich verspätet hat.

Please look into the non-delivery of the 500 desklamps which we ordered on November 25th.
Bitte prüfen Sie, warum die 500 Schreibtischlampen, die wir am 25. November bestellt haben, noch nicht geliefert wurden.

We still have not received the goods we ordered on March 12th. As this order was placed on condition that we received the consignment before 15th April, we will be obliged to take our custom elsewhere.
Wir haben die am 12. März bestellte Ware immer noch nicht erhalten. Da diese Bestellung unter der Bedingung erfolgte, daß wir die Lieferung vor dem 15. April erhalten würden, sehen wir uns gezwungen, unsere Ware von anderer Stelle zu beziehen.

Schäden nach Auslieferung der Ware melden

We received the consignment (order No. 51) today. However, several crates are missing, and others have been damaged.
Heute erhielten wir die Lieferung mit der Bestell-Nr. 51. Jedoch fehlen einige Kisten und andere sind defekt.

Upon receipt of our order No. 777 we found that the boxes had been broken open and some items removed.
Bei Entgegennahme Ihrer Lieferung (Bestell-Nr. 777) stellten wir fest, daß die Kisten aufgebrochen und einige Teile entfernt worden waren.

Our consignment of… was stolen in transit.
Der/Die/Das von uns bestellte(n) … wurde(n) während des Transports gestohlen.

We regret to report that our consignment of… was delivered this morning in an unsatisfactory condition. A detailed list of the damaged items is enclosed.

Wir müssen Ihnen leider mitteilen, daß der/die/das von uns bestellte[n] … uns heute morgen in mangelhaftem Zustand zugestellt wurde(n). Eine detaillierte Aufstellung aller beschädigten Teile liegt bei.

Eine zweite Reklamation/Beschwerde formulieren (mit größerem Nachdruck)

I am extremely concerned at your failure to deliver the consignment of spare parts promised for March 20th.

Ich bin sehr darüber besorgt, daß Sie nicht in der Lage sind, die für den 20. März zugesicherte Ersatzteillieferung vorzunehmen.

I feel I should point out that this is not the first time we have had to complain for a similar reason, and although I appreciate there may be a valid explanation for the delay, I cannot allow our production schedules to be disrupted.

Ich möchte betonen, daß dies nicht das erste Mal ist, daß wir Grund zu einer ähnlichen Beschwerde haben. Obwohl es möglicherweise eine stichhaltige Erklärung für diese Verzögerung gibt, kann ich es nicht zulassen, daß dadurch unser Produktionsplan durcheinander gebracht wird.

I would be reluctant to have to change suppliers in the hope of better service.

Ich würde nur ungern in der Hoffnung auf einen besseren Service zu einem anderen Anbieter überwechseln.

The disruption to our production caused by your company's inefficiency has been most serious and we have been forced to make use of another supplier, which has caused us considerable inconvenience.

Die aufgrund der Inkompetenz Ihrer Firma eingetretene Produktionsunterbrechung hat uns in ernste Schwierigkeiten gebracht. Wir sind deshalb, auch wenn uns dies größte Unannehmlichkeiten verursacht, gezwungen, unseren Bedarf bei einem anderen Lieferanten zu decken.

Die infolge der Schadensfeststellung unternommenen Schritte

We have marked the delivery slip accordingly.

Wir haben eine entsprechende Notiz auf dem Lieferschein vermerkt.

We have reported the damage to the carriers and will be keeping the damaged crates and their contents for inspection.

Wir haben dem Spediteur den Schaden gemeldet und behalten vorläufig die defekten Kisten und ihren Inhalt zwecks Inspektion.

We have had a survey of the damage carried out. A copy of the report has been sent to our insurance company.

Wir haben eine Schadensaufnahme machen lassen. Eine Kopie des Gutachtens wurde unserer Versicherung zugeschickt.

Erklärungen geben

Delivery was delayed as the goods were sent to our previous address.

Die Auslieferung hat sich verzögert, weil die Ware an unsere alte Adresse geschickt wurde.

The goods were damaged due to inadequate packing.

Die Waren wurden wegen unsachgemäßer Verpackung beschädigt.

The consignment was incorrectly labelled.

Der Auftrag war falsch beschriftet.

Lösungen anbieten

We should be grateful if you would arrange for replacements of the following articles to be sent as soon as possible.

Wir wären Ihnen dankbar, wenn Sie sobald wie möglich für eine Ersatzlieferung folgender Artikel sorgen könnten.

Please arrange for reimbursement of the value of the damaged goods.

Bitte sorgen Sie für die Rückerstattung des Wertes der beschädigten Ware.

We are returning the articles in question. Please credit us with the value of the returned goods.

Wir schicken die betreffenden Artikel zurück. Bitte schreiben Sie uns den Wert der zurückgegebenen Waren gut.

We are prepared to keep these unsuitable goods, but at a substantially reduced price.

Wir sind bereit, diese für uns ungeeignete Ware zu behalten, jedoch nur zu einem großzügig reduzierten Preis.

If you were to deduct the sum of £50 from our next order, we would consider the matter closed.

Wenn Sie bereit sind, uns bei unserer nächsten Bestellung £50 zu erlassen, betrachten wir die Angelegenheit als erledigt.

Auf einen Fehler bei der Zusammenstellung des Auftrags hinweisen

We would like to draw your attention to the fact that, of the items supplied, one lot was of the wrong colour and another was of a larger size than ordered. We are returning both lots and would ask you to send replacements as soon as possible.

Wie möchten Sie darauf hinweisen, daß bei der gelieferten Ware eine Partie die falsche Farbe hatte und eine andere eine größere Größe als bestellt. Wir senden beide Partien zurück und bitten Sie um schnellstmöglichen Ersatz.

We were surprised to find that the complete order was not delivered. Would you please look into this for us.

Wir waren überrascht, daß nicht die vollständige Ware geliefert wurde. Wir bitten Sie, sich um die Angelegenheit zu kümmern.

Eine Rechnung zurückweisen

We found, on checking your invoice No. 900, that our figures do not tally with yours.

Bei der Prüfung Ihrer Rechnung Nr. 900 stellten wir fest, daß Ihre Zahlen nicht mit unseren übereinstimmen.

It appears that in invoice No. 88 you have failed to credit us with the agreed discount of 2%.

Es scheint, daß Sie es in Rechnung Nr. 88 versäumt haben, uns die zugesagten 2% Nachlaß zu gewähren.

We notice that you have charged for extra insurance coverage which was not stipulated in the original agreement.

Wir stellen fest, daß Sie uns zusätzliche Versicherungskosten berechnen, die im Originalvertrag nicht abgesprochen waren.

We should like to query the charge for packing which seems unusually high.

Wir möchten um eine Erklärung bezüglich der Verpackungsgebühren bitten, die uns ungewöhnlich hoch erscheinen.

We have noticed a number of discrepancies in your latest invoice. We would be grateful if you would look into this and forward us a modified invoice.

In Ihrer letzten Rechnung stießen wir auf einige Ungereimtheiten. Wir wären Ihnen dankbar, wenn Sie sie überprüfen und uns eine korrigierte Rechnung schicken könnten.

Sich über schlechten Service beschweren

I regret to have to complain about the appalling service I received from one of your maintenance engineers last week. Not only did he arrive three hours late, but he failed to clean up after repairing the machine and was exceedingly impolite.

Ich bedaure es, mich über den miserablen Service einer Ihrer Wartungsingenieure beschweren zu müssen, der mich letzte Woche aufsuchte. Er erschien nicht nur drei Stunden zu spät, sondern war auch nicht bereit, die Maschine sauber zu machen, die er repariert hatte. Außerdem war er noch extrem unhöflich.

ANMERKUNGEN

➔ Bei einer Reklamation ist es angebracht, folgende Schritte einzuhalten:

- Genau erklären, worum es sich handelt: **I am writing with reference to... . / Yesterday we received our order No. ... .**
- Das Problem darlegen und eine mögliche Erklärung anbieten.
- Eine Lösung vorschlagen (Kostenerstattung, Ersatz, etc.).

➔ Beachten Sie den Gebrauch von **under** in der Redewendung **under the terms of the contract**, die hier die gleiche Bedeutung hat wie **according to**.

NUN SIND SIE DRAN!

• We .... delivery yesterday .... our order No. 45K. We found on .... the crates that several items were missing. A list of the missing articles is .... Please arrange for .... of these goods to .... as soon as possible.

• We .... to inform you that our order No. 89 .... not arrived. This .... is causing us great .... as we have a very tight production ....

• I am extremely .... at your repeated failure to .... our consignments on time. If there is no improvement I am .... we shall have to take our custom elsewhere.

• I .... to your invoice No. 789, in which we have noticed a number of .... I should .... you would look into this and .... us a .... invoice.

20 REKLAMATIONEN BEANTWORTEN

Herr Müller beantwortet die Reklamation, die ihm Herr Graham Brown geschickt hat.

Helfen Sie ihm, mit Hilfe folgender Begriffe eine Entschuldigung zu formulieren:

(1) *Die Anrede:*
Dear Sir
Dear Graham
Dear Mr Brown

(2) *Sorge ausdrücken:*
concerned to learn from
interested to hear in
very angry to read in

(3) *Auf eine beschädigte Lieferung hinweisen:*
in a bad way when it arrived
damaged on arrival
broken in transit

(4) *Sein Bedauern ausdrücken:*
are very sorry for the problems
send our most humble apologies for the trouble
very much regret the disruption

(5) *„in der üblichen Weise“:*
in the usual manner
as usual
usually

(6) *„gemäß unserer Erfahrung“:*
as far as we are concerned
as far as we know
in our experience

(7) *Welche Zeitform ist richtig?*
occurring in transit
to occur in transit
that will occur in transit

(8) *Eine Angelegenheit weiterleiten:*
transferred to
handed the matter over to
given the affair to

(9) *„die Geschäftsräume / das Anwesen“:*
house
factory
premises

(10) *Sich entschuldigen:*
please accept our most humble apologies
sorry
we apologize

(11) *Für die Zufriedenheit des Kunden garantieren:*
fine by you
O.K.
to your entire satisfaction

LUXI PHON
Magdeburger Straße 250 • 1000 Berlin 75

Mr G. Brown
Himes Associates
251 Northern Road
Manchester – England

15th October 19...

Your ref.: GB/SD
Our ref.: JM/SG

(1) ....,

We were (2) .... your letter of October 3rd that the consignment of telephones ordered from us was (3) ....
We (4) .... this has caused you.
Upon investigation, we have ascertained that the consignment was packed (5) ...., which (6) .... is more than adequate for a journey of the kind undertaken. Any damage (7) ...., however, is the responsibility of the carrier, and we have (8) .... our insurance company who will be contacting you shortly.
I have asked one of our agents to arrange to call at your (9) .... to inspect the damage. In the meantime, a replacement for the damaged articles was despatched today.
Once again, (10) .... for the inconvenience caused, and trust that you will find the replacements (11) ....

Yours sincerely,

J. Müller

J. Müller
Export Manager

Lösung auf Seite 136

REDEWENDUNGEN

Den Erhalt einer Reklamation bestätigen

We have received your letter of... telling us that... .	*Wir haben Ihren Brief / Ihr Schreiben vom ... erhalten, in dem Sie uns mitteilen, daß ... .*
We were concerned to learn from your letter of... that... .	*Wir waren besorgt, als wir aus Ihrem Brief vom ... erfuhren, daß ... .*
Thank you for your letter of... informing us that... .	*Vielen Dank für Ihren Brief vom ..., der uns davon in Kenntnis setzte, daß ... .*
We were sorry to hear that... .	*Es tat uns leid, erfahren zu müssen, daß ... .*

Lieferverzögerungen erklären

We are sorry we have not yet been able to deliver your order No. 543. This is due to industrial action at our factory in Wolverhampton. Delivery will take place as soon as the strike is over.	*Wir bedauern, daß wir die von Ihnen bestellte Ware (Bestell-Nr. 543) wegen eines Arbeitskampfes in unserer Fabrik in Wolverhampton noch nicht liefern konnten. Sobald der Streik beendet ist, wird die Lieferung erfolgen.*
We apologize for the delay, but our warehouse was recently damaged by fire. We will be able to deliver in three weeks' time.	*Wir entschuldigen uns für die Verzögerung, aber unser Lager wurde kürzlich durch ein Feuer beschädigt. Wir werden in drei Wochen liefern können.*
Please accept our sincere apologies for this delay and the trouble it has caused you. We have arranged for a replacement to be dispatched immediately.	*Wir bitten Sie sehr, die Verzögerung und die Schwierigkeiten, die Ihnen dadurch entstanden sind, zu entschuldigen. Wir lassen Ihnen umgehend Ersatzware zugehen.*
The delay is due to customs complications which are holding up all shipments to the United States. We are doing everything in our power to make sure this consignment arrives as soon as possible.	*Die Verzögerung ist durch Komplikationen beim Zoll bedingt, von denen alle Lieferungen in die USA betroffen sind. Wir tun alles, was in unserer Macht steht, um zu gewährleisten, daß diese Lieferung so bald wie möglich ankommt.*

Since this delay is beyond our control we cannot assume any liability, but your claim has been passed on to our insurance company who will get in touch with you in due course.

Da diese Verzögerung nicht durch uns verschuldet wurde, können wir keine Haftung übernehmen. Ihre Ansprüche wurden jedoch an unsere Versicherung weitergeleitet, die sich zu gegebener Zeit mit Ihnen in Verbindung setzen wird.

Fehler einräumen

We very much regret having given you cause for complaint. The discrepancy in our invoice was due to a clerical error. It has now been rectified and we enclose our modified invoice / a credit note.

Es tut uns sehr leid, Ihnen Anlaß zur Beschwerde gegeben zu haben. Die Ungereimtheiten in unserer Rechnung waren Folge eines Bearbeitungsfehlers. Wir haben dies berichtigt und fügen die geänderte Rechnung / eine Gutschrift bei.

We have investigated the cause of the problem and have found that a mistake was made because of an accounting error / a typing error. This has now been corrected.

Wir sind der Ursache des Problems nachgegangen und mußten feststellen, daß der Irrtum aufgrund eines Buchungsfehlers / eines Tippfehlers entstanden war. Dieser wurde mittlerweile korrigiert.

Maßnahmen ankündigen

We were sorry to learn of the unsatisfactory service you experienced from our maintenance engineer. Your annoyance is quite understandable. We have started enquiries to discover the cause of the problem.

Es tat uns leid zu erfahren, daß Sie mit dem Service unseres Wartungsingenieurs nicht zufrieden waren, und Ihr Ärger ist sehr verständlich. Wir haben Nachforschungen eingeleitet, um die Ursache des Problems herauszufinden.

If you are prepared to keep the damaged goods, we will invoice them at a reduced rate / at 50% of the list price.

Wenn Sie bereit sind, die beschädigte Ware zu behalten, werden wir sie Ihnen zu einem reduzierten Preis / mit einer Ermäßigung von 50% des Listenpreises berechnen.

We have taken the matter up with the forwarding agents and will inform you of the results.

Wir sind dabei, die Angelegenheit mit dem Spediteur zu besprechen und werden Sie vom Ergebnis in Kenntnis setzen.

We have now taken steps to ensure that such a misunderstanding does not occur in future.

Wir haben mittlerweile Schritte unternommen, um sicherzustellen, daß ein derartiges Mißverständnis in Zukunft nicht mehr vorkommt.

ANMERKUNGEN

➔ Einige besonders wichtige Wörter:
to be concerned: besorgt/betroffen sein
the consignment: der Auftrag / die Lieferung
the delay: die Verzögerung
the carrier: der Spediteur
the premises: die Geschäftsräume, das Anwesen
to apologize: sich entschuldigen
a clerical error: ein Bearbeitungsfehler
the liability: die Haftung

➔ Beachten Sie die Redewendung **on arrival**, die dem deutschen „bei Erhalt/Ankunft“ entspricht.

➔ Für das Verb „abschicken/erledigen“ gibt es im Englischen zwei Schreibweisen: **to dispatch** oder **to despatch**.

NUN SIND SIE DRAN!

• We were .... to learn .... your letter .... 5th June that the .... of porcelain plates was damaged on arrival. We have arranged .... a replacement to be .... immediately.

• We have .... that a mistake was .... in our dispatch .... We .... for the inconvenience this has .... you, and will be .... the missing goods as soon as possible.

• Please accept our sincere .... for the delay, which is due .... a recent spate of strikes in this country. We are .... in our power to .... this consignment .... as soon as possible.

• We .... having given you cause .... The discrepancy was .... a typing error, which has now been .... We enclose a .... invoice.

21 STELLENANGEBOTE UND BEWERBUNGEN

Aufgrund der vielen zusätzlichen Aufträge, die infolge der Messe eingingen, und weil Luxiphon jetzt offizieller Hoflieferant der englischen Königin ist, braucht Herr Müller eine Assistentin oder einen Assistenten. Er beschließt, eine Anzeige in die „Times" zu setzen und erhält interessante Antwortschreiben ...

A German manufacturer of luxury telephones with important business connections in Great Britain invites applications for the post of

ASSISTANT TO THE EXPORT MANAGER

Candidates should speak fluent German and have at least two years' experience in international business and/or in business training. Starting salary will be in the range £12-17,000 p.a. depending on age and experience. Please send applications to:

Mr J. Müller, Export Manager, Luxiphon,
Magdeburger Str. 250, 1000 Berlin 75, GERMANY

Setzen Sie ein Bewerbungsschreiben auf:

(1) *Sich für eine Stelle bewerben:*
to be the
to be considered for the post of
to propose myself as

(2) *Sich auf eine Zeitungsannonce beziehen:*
as seen
as appeared
as advertised

(3) *Die Ausbildung ansprechen:*
Having graduated from
Having got through
Having finished with

(4) *„meine Kenntnisse erweitern":*
enlarge my experiment
broaden my experience
widen my knowledge

(5) *„Beiliegend finden Sie meinen Lebenslauf":*
I include my curriculum vitae
My curriculum vitae is enclosed
Enclosed is my curriculum vitae

(6) *„bis zum heutigen Tag":*
to date
until now
until here

(7) *Für ein Gespräch zur Verfügung stehen:*
keen on being interviewed
waiting for my interview
available for interview

(8) *Eine Antwort erwarten:*
your acceptance
a positive reply
hearing from you

Brief 28

Janet Martin
12 Harcourt Road
LONDON SW1

Mr J. Müller
Export Manager
Luxiphon
Magdeburger Str. 250
1000 Berlin 75

18th November 19...

Dear Mr Müller,

I should like (1) .... assistant to the Export Manager, (2) .... in *The Times* of November 1st.
(3) .... business school in 1989, where I specialised in international business, I began working for the marketing department of United Telecom. It was there that I came across your products for which I have always had a high regard. I should be delighted to have the opportunity to work for your company, in order to (4) .... in the field of telecommunications in a challenging international environment.
(5)...................... which will give you further particulars of my career (6) .... I am (7) .... at any time, and should be happy to come to Berlin if necessary.

I look forward to (8) ....

Yours sincerely,

Janet Martin

Lösung auf Seite 136

REDEWENDUNGEN

Sich auf eine Annonce beziehen

I see from your advertisement in the ... (newspaper) that you have a vacancy for a... . — *Aus Ihrer Anzeige in ... (Zeitung) ersehe ich, daß Sie eine Stelle für ... anzubieten haben.*

It was with great interest that I read the advertisement for... . — *Mit großem Interesse habe ich die Stellenanzeige für ... gelesen.*

I was interested to learn that your company is currently recruiting / wishes to recruit... . — *Mit Interesse habe ich erfahren, daß Ihre Firma zur Zeit ... einstellt / einstellen möchte.*

Sich für eine Stelle bewerben

I should like / I wish to apply for the post of... . — *Ich möchte mich für die Stelle als ... bewerben.*

Unaufgeforderte Bewerbung

I would be interested to learn/know whether you have a vacancy for... . — *Ich bin an einer Tätigkeit als ... interessiert und wüßte gern, ob Sie eine entsprechende Stelle anzubieten haben.*

I am writing to inquire about the possibility of working for your company. — *Hiermit möchte ich mich nach der Möglichkeit einer Mitarbeit in Ihrer Firma erkundigen.*

I am looking for a post in... . — *Ich suche eine Stelle auf dem Gebiet / im Bereich ... .*

Informationen über die Stelle anfordern

Please send me further details of the post. — *Bitte informieren Sie mich ausführlicher über den betreffenden Posten.*

I would be obliged if you could forward a copy of the application form to me at the above address. — *Ich wäre Ihnen dankbar, wenn Sie mir eine Kopie des Bewerbungsbogens an obige Adresse schikken könnten.*

Über sich und seine berufliche Erfahrung sprechen

For the past... years I have been employed as a... . — *Während der letzten ... Jahre war ich als ... angestellt.*

I was responsible for... . — *Ich war für ... verantwortlich.*

I was in charge of... . — *Ich hatte die Aufsicht über ... .*

I specialise in... . — *Mein Spezialgebiet ist ... .*

This is a post for which I believe I am ideally suited.	*Ich glaube, für diese Stelle besonders geeignet zu sein.*
I gained wide experience in market research in the marketing department at Peters & Sons Ltd.	*Ich konnte bei Peters & Sons vielfältige Erfahrungen in den Bereichen Marktforschung und Marketing sammeln.*
I have already acquired some experience in… .	*Ich habe schon allerhand Erfahrungen im Bereich / in … gesammelt.*
I speak fluent English and French.	*Ich spreche fließend Englisch und Französisch.*
I feel I have the necessary training and qualities needed for the post of… .	*Ich bin überzeugt, daß ich die erforderliche Ausbildung und die nötigen Eigenschaften für diese Stelle als … mitbringe.*
I am eager to undertake new responsibilities in a challenging post.	*Ich möchte sehr gern neue Verantwortung in einer anspruchsvollen Stellung übernehmen.*
I am keen to broaden my knowledge in the field of… .	*Ich bin sehr daran interessiert, meine Kenntnisse auf dem Gebiet / im Bereich von … zu vertiefen.*

Auf seinen Lebenslauf verweisen

I enclose/attach a copy of my curriculum vitae which will give you further particulars / more complete details of my career to date.	*In der Anlage finden Sie meinen Lebenslauf mit weiteren Einzelheiten/vollständigen Angaben zu meiner beruflichen Laufbahn.*

Schlußformulierungen

I will be happy to supply any other details you may require.	*Zur Beantwortung weiterer Fragen stehe ich Ihnen gern zur Verfügung.*
I would greatly appreciate the opportunity of an interview.	*Ich würde mich sehr freuen, die Gelegenheit zu einem Gespräch mit Ihnen zu erhalten.*
I can make myself available for interview at any time.	*Für einen Gesprächstermin kann ich mich jederzeit freimachen.*
I am available for interview at your convenience.	*Wann immer es Ihnen recht ist, stehe ich für einen Gesprächstermin zur Verfügung.*
I can only come to an interview on Fridays.	*Gesprächstermine kann ich leider nur für freitags vereinbaren.*
I shall be available from 12th May onwards.	*Ab 12. Mai bin ich verfügbar.*

The names of two referees are given below.	*Die Namen zweier Personen, die mir gern Referenzen ausstellen werden, finden Sie nachfolgend.*
I look forward to hearing from you.	*Ich freue mich auf Ihre Antwort.*
Hoping for a favourable reply.	*In der Hoffnung auf eine positive Antwort verbleibe ich … .*

ANMERKUNGEN

➔ Die Reihenfolge der einzelnen Schritte eines Bewerbungsschreibens sollte folgendermaßen aussehen:

- Die angestrebte Stelle nennen (mit entsprechendem Verweis: Zeitungsanzeige, Empfehlung).
- Sich vorstellen (Ausbildung, Erfahrungen auf verschiedenen Gebieten ansprechen).
- Die eigenen Beweggründe für diese Bewerbung darlegen.
- Auf den Lebenslauf, die Möglichkeit eines Gesprächs und eventuelle Referenzen verweisen.
- Abschließend die Hoffnung auf eine positive Antwort zum Ausdruck bringen.
- Vermeiden Sie, soweit möglich, Sätze mit „I" (ich) zu beginnen.

NUN SIND SIE DRAN!

- I wish .... the post of salesman as advertised .... Tuesday's *Herald Tribune*. This is a .... for which I believe I am .... suited.

- I .... for a post .... computer programming .... a large international company. For the .... 5 years I .... employed .... computer programmer .... Hi-Tech Inc. I speak .... Spanish and have .... experience of working abroad.

- *Antworten Sie auf folgende Annonce:*

A large international cosmetics company based in London invites applications for the post of MARKETING MANAGER. Candidates should have over five years' work experience in the field of marketing, and have a good working knowledge of at least two foreign languages. Starting salary will be in the range £25-30,000 p.a., to be negotiated. Please send applications and a detailed C.V. to:
The Personnel Manager, Harriett Cosmetics Company Ltd, 25 King's Road, London SW1, England

22 LEBENSLAUF

Einige Anmerkungen vorab:

➔ Zur Rubrik **education** (Ausbildung):
A-level entspricht der deutschen Abiturprüfung, **3 A-levels** bedeutet, daß man in drei bestimmten Fächern diese Prüfung abgelegt hat.
BA (Bachelor of Arts) entspricht in vielen deutschen Hochschulen dem Vordiplom bzw. der Zwischenprüfung nach 4 Semestern.
MA (Master of Arts) ist der Magister-Abschluß (nach 8 Semestern) und entspricht oft einem deutschen Hochschuldiplom oder Staatsexamen.
MBA (Master of Business Administration) entspricht etwa einem Diplom der Wirtschaftswissenschaften.

➔ Beachten Sie die Formulierungen zur Beurteilung von Sprachkenntnissen. **Good working knowledge** bedeutet: gute Grundkenntnisse, ausreichend für Geschäftsverhandlungen.

➔ In Großbritannien wird die Berufserfahrung chronologisch aufgeführt (die erste Stelle erscheint zuerst), während man in den USA die jetzige, bzw. letzte Arbeitsstelle zuerst nennt.

➔ In einem Lebenslauf für eine Bewerbung sollte eine sehr knapp gefaßte Rubrik **hobbies** nicht fehlen. Es ist auch gang und gäbe, eine Rubrik „Sonderprojekte" oder „Sonderaufträge" anzufügen: **major projects** oder **major assignments**.

➔ Die Rubrik **further qualifications** kann zusätzliche Qualifikationen erwähnen (Sprach-, Informatikkurse, Führerschein usw.) sowie Zertifikate oder Diplome, die nicht von Schule oder Universität stammen, wie auch Angaben zu Personen, die Ihnen eine Empfehlung ausstellen können.

➔ Falls Sie auch ein Foto beifügen, können Sie dieses, wie bei einer Bewerbung in Deutschland, oben rechts auf Ihrem Lebenslauf anheften.

CURRICULUM VITAE

NAME: Janet Martin
ADDRESS: 12 Harcourt Road, London SW1, England
TEL.: (071) 5436789

DATE OF BIRTH: 27th March 1968
MARITAL STATUS: Single
NATIONALITY: British

EDUCATION:

1984-86:	Greenfields School – Yorkshire (3 A-levels)
1986-89:	Capital Business School, London MBA, specialised in International Business

LANGUAGES:

English – mother tongue
German – fluent
French – spoken
Italian – good working knowledge

PROFESSIONAL EXPERIENCE:

Summer 1987:	Crane Engineering – Assistant to the Personnel Manager, responsible for a study on work methods
1989-1992:	United Telecom – Assistant to the Marketing Manager

HOBBIES:

Sailing – Horse riding – Jazz

FURTHER QUALIFICATIONS:

Driving licence
Good computer skills

23 BEWERBUNGEN BEANTWORTEN

ZUSAGE FÜR EIN VORSTELLUNGSGESPRÄCH

Herr Müller möchte Frau Martin sofort mitteilen, daß ihre Bewerbung in die engere Wahl gezogen wurde.

(1) *Die Anrede:*
Dear Janet
Dear Madam
Dear Miss Martin

(2) *Welche Präposition paßt hier?*
your application to
your application of
your application for

(3) *Und welche ist hier richtig?*
we are looking at
we are looking for
we are looking in

(4) *Welche Zeitform ist richtig?*
will be expected
have been expected
must have expected

(5) *„den ganzen Tag“:*
during the day
throughout the day
since the day

(6) *Eine Kostenerstattung anbieten:*
will be reimbursed
will be refunded
will be paid

(7) *Hotel- und Reisekosten:*
hotel and travelling expenses
hotel and voyage expenditure
costs of lodging and travelling

(8) *Die Grußformel:*
Yours faithfully
Regards
Yours sincerely

Brief 29

(1) ....,

Thank you for (2) .... the post of assistant to the Export Manager. Your curriculum vitae indicates that you may well have the qualities and experience (3) ....
I should be grateful if you would come to our office in Berlin for an interview on December 4th at 10 a.m. You (4) .... to remain in Berlin (5) .... as the interview procedure includes a visit of the company premises and factory. You (6) .... for all reasonable (7) ....
I look forward to your quick reply.

(8) ....,

Jens Müller

Jens Müller
Export Manager

Lösung auf Seite 137

REDEWENDUNGEN

Den Erhalt einer Bewerbung bestätigen

Thank you for your application for the post of... .	*Vielen Dank für Ihre Bewerbung für die Stelle als ... .*

Eine Bewerbung annehmen

We are pleased to inform you that... / We have pleasure in informing you that...	*Wir freuen uns, Ihnen mitzuteilen / mitteilen zu können, daß ...*
your application for the post of... has been successful.	*Sie sich erfolgreich für die Stelle als ... beworben haben.*
you have been accepted (for the post of...) .	*wir uns (bezügl. Ihrer Bewerbung als ...) für Sie entschieden haben.*
your application has been retained.	*Ihre Bewerbung in die engere Wahl gezogen wurde.*

Eine Bewerbung ablehnen

We regret to inform you that your application has not been accepted.	*Wir müssen Ihnen leider mitteilen, daß Ihre Bewerbung nicht angenommen wurde.*
We are sorry to have to inform you that your name has not been included among those to be short-listed for an interview.	*Wir bedauern, Ihnen mitteilen zu müssen, daß Sie nicht in die engere Wahl gezogen wurden.*
I am sorry to inform you that the post has already been filled.	*Ich muß Ihnen leider mitteilen, daß die Stelle schon vergeben ist.*
We are sorry but we have no vacancies at the present time.	*Wir haben leider momentan keine Stelle frei.*

Einen Gesprächstermin vorschlagen

We should be grateful if you would come for an interview with Mr Müller on Tuesday 9th April at 10 o'clock.	*Wir wären Ihnen dankbar, wenn Sie am Dienstag, dem 9. April, um 10 Uhr zu einem Gespräch mit Herrn Müller kommen könnten.*

ANMERKUNGEN

➔ Beachten Sie, daß „suchen nach" im Englischen **to look FOR** heißt.

➔ Wenn von „den Bewerbern" allgemein gesprochen wird, läßt man im Englischen den Artikel weg, so z. B. auch auf Seite 119 in dem Stellenangebot: **Candidates should speak...**

NUN SIND SIE DRAN!

• We regret .... that we have no vacancies at .... time.

• The .... were all of a very high standard, and I am sorry to .... to inform you that the post has .... been ....

• *Reagieren Sie mit einer positiven Antwort auf die Bewerbung eines Handelsvertreters. Schlagen Sie für Mittwoch, den 17. November, um 14 Uhr ein Gespräch vor.*

MUSTERBRIEFE UND LÖSUNGEN

BE = Britisches Englisch *AE = Amerikanisches Englisch*

ANREDE UND GRUSSFORMEL *(Vgl. Seite 13)*

Anrede:	Grußformel BE:	Grußformel AE:
Dear Sir/Madam	Yours faithfully	Respectfully yours Yours truly
Dear Mr Shaw *(Geschäftspartner – formell)*	Yours sincerely	Yours truly Sincerely
Dear Sarah *(eine Freundin)*	Best wishes Yours	All the best Best wishes Regards
Dear David *(Geschäftspartner – informell)*	Best wishes Regards	Sincerely
Dear Mrs Wilks *(Geschäftspartnerin – informell)*	Best wishes Regards	Sincerely

1 RESERVIERUNGEN VORNEHMEN

Brief 1

(1) Dear Sir/Madam,

(2) I would like (3) to book a single room at your hotel *(4) for the week* of 19th-26th February. *(5) I require* a room with a view of the gardens, a telephone, and a private bathroom with shower. *(6) I should be grateful if you would confirm* my booking *(7) as soon as possible*, and if you could *(8) give me an indication of* your rates per night including breakfast.
(9) Should you have no vacancies, please could you give me the address of a suitable hotel in the Birmingham area.

(10) Yours faithfully,

2 TERMINE VEREINBAREN

Brief 2 (geschäftlich)

(1) Dear Mrs Johnson,

(2) As mentioned in my letter of January 12th, *(3) I am planning to be* in Birmingham next week for the International Telecommunications Fair. *(4) You may be interested to know* that

(5) we have recently brought out a number of new models, and I would have great pleasure in demonstrating them to you at some point during the week. *(6) May I suggest* Tuesday 18th at 4 o'clock at your office?
(7) Should this not be convenient, you might like to propose an alternative arrangement. *(8) Would you kindly confirm* this appointment as soon as possible.
Should you have any further queries regarding our products, *(9) please do not hesitate to contact me.* I look forward to our next meeting.

Yours sincerely,

Brief 3 (privat)

(1) Dear George,

(2) I am due to be in Birmingham next week *(3) on business*, and I was wondering if *(4) we could meet* somewhere for dinner; it seems such a long time since we last saw each other. *(5) How about* the White Horse Inn *(6) on Tuesday* at 8?
Let me know during the week whether *(7) this suits you.* If you cannot make it maybe we can *(8) come to some other arrangement.*
(9) Looking forward to seeing you again!

(10) With best wishes,

3 RESERVIERUNGEN BESTÄTIGEN

Brief 4 (positiv)

(1) Dear Mr Müller,

(2) Thank you for your letter of 4th February *(3) requesting us to book* a single room with bath and shower and a view of the gardens.
(4) I have reserved the accommodation you describe *(5) for the period* you require, and *(6) should be grateful* if you would *(7) forward a deposit* of £20 as soon as possible *(8) to confirm* the reservation.
We *(9) look forward to* your stay with us.
Yours sincerely,

Brief 5 (negativ)

Dear Mr Müller,

Thank you for your letter of 4th February requesting us to book a single room with bath and shower and a view of the gardens.
Unfortunately *(1) we are fully booked* for the period you require because of the International Telecommunications Fair. However, *(2) we are able to recommend* an alternative hotel, also a member of the Palace chain of hotels. Although *(3) it has the slight inconvenience* of being located on the outskirts of the city, *(4) I am confident* you will find the hotel *(5) to your total satisfaction* and its surroundings most pleasant.
The address to which to write is: [......]
We remain *(6) at your service* for any future reservations you might wish to make.

Yours sincerely,

4 TERMINE BESTÄTIGEN

Brief 6 (annehmen – geschäftlich)

(1) Dear Mr Müller,

(2) Thank you for your letter of 10th February. *(3) I would like to confirm* that I *(4) will be available* to see you

(5) at my office on Tuesday 18th *(6) at the time you propose.*

(7) Yours sincerely,

Brief 7 (verschieben – geschäftlich)

Dear Mr Müller,

With reference to your letter of 10th February, *(1) I regret* to inform you that *(2) I shall not be available* to meet you on Tuesday 18th February *(3) owing to* a company meeting. However, *(4) may I suggest* we *(5) postpone the appointment* to the following day *(6) at the same time.*

I look forward to *(7) receiving an early confirmation.*

Yours sincerely,

Brief 7a (bestätigen – privat)

Dear Jens,

Thanks a lot for your letter. *It would be lovely to see you* when you come over to Birmingham next week. The White Horse Inn sounds an excellent idea. *Tuesday at 8 is fine by me.* I've invited some friends to come along too.

Best wishes,

5 INFORMATIONEN EINHOLEN

Brief 8 (Auskünfte)

(1) Dear Sir,

(2) Having recently visited your stand at the International Telecommunications Fair in Birmingham, *(3) I was interested to see* that you produce some very innovative designs of luxury telephones.

(4) We are importers of quality electrical and office machinery, and feel *(5) there is a promising market* here for your type of product. *(6) Could you please send* further details on your '20s style and pyramidal models, *(7) as well as (8) a copy* of your current catalogue showing prices and colour ranges if possible.
(9) We look forward to an early reply.

Yours faithfully,

Brief 9 (Sonderwünsche)

Dear Sir,

(1) Having recently visited your stand at the International Telecommunications Fair in Birmingham, *(2) I was very impressed with* your company's original designs and variety of models.
(3) I would be interested to know whether you produce a gold-coloured version of model number 36.
(4) Furthermore, (5) I wanted to enquire whether it would be possible for your company to manufacture them with several small diamonds inlaid in the receiver.
(6) Should you be able to satisfy these requirements, please inform my secretary at the above address as soon as possible, so that we can proceed with the appropriate arrangements.

Yours faithfully,

6 BESTELLUNGEN AUFGEBEN

Brief 10

(1) Dear Mr Müller,

(2) Thank you for your quotation of March 1st. We have pleasure in

(3) placing an order with you for the following :

QUANTITY	NAME	MODEL	COLOUR	PRICE
50	Mars	M. 234	Green	£25.56
25	Princess	P.52	Pink	£30.05
70	Duo	D.07	Turquoise	£22.90

(4) Please acknowledge this order by returning the duplicate to us, *(5) duly signed.*

(6) Yours sincerely,

7 BESTELLUNGEN BEANTWORTEN

Brief 11

(1) Dear Mr Cunningham,

Thank you for *(2) your order No. 67 dated* 6th March. *(3) As requested, (4) we enclose* the duplicate *(5) duly signed* in acknowledgement of your order. Our dispatch department *(6) is currently processing* your order and will inform you when *(7) the consignment* is *(8) ready for delivery.*

(9) We thank you for your custom and *(10) look forward to* being of service to you again in the near future.

Yours sincerely,

8 KOSTEN-VORANSCHLÄGE

Brief 12

Dear Mr Stewart,

(1) In reply to your letter of 9th April, *(2) we have pleasure in enclosing* a detailed quotation for the models of telephones specified. Besides those models that were on display at the International Telecommunications Fair, *(3) we have a wide range of* other designs, as illustrated in our catalogue, also enclosed.

All our equipment is *(4) of a high standard* and comes with a five year guarantee. A number of accessories *(5) are available* with some of the models. Installation *(6) is carried out free of charge* by any one of our two thousand service centres located throughout Europe.
Furthermore, we are able to offer a 5% discount *(7) for any orders exceeding* £2,000.

All models can be supplied, *(8) subject to availability*, 3 months from the date on which we receive your firm order. Our CIF prices are for sea/land transport only; if you require the goods to be sent by air freight, this will be charged at extra cost.

We look forward to receiving your order.

Yours sincerely,

9 ZAHLUNGS-BEDINGUNGEN

Brief 13

(1) Dear Mrs Donovan,

(2) We refer to your *(3) recent inquiry* regarding our *(4) conditions of payment. (5) Our terms are* 30 days net, but we can allow you *(6) two months' credit* for *(7) subsequent orders.* Payment *(8) should be made* by irrevocable letter of credit or order cheque.

(9) We look forward to receiving your initial order.

(10) Yours sincerely,

10 LIEFERBEDINGUNGEN

Brief 14

Dear Ms Webster,

(1) We refer to your order No. 33. *(2) Delivery will be made* within two months of *(3) receipt of your order.*
(4) As arranged, the consignment will be transported *(5) by rail and sea freight* FOB from Birmingham to your warehouse in Georgia, USA.
Our prices are CFR for sea/land transport to Georgia. *(6) If you require* more rapid delivery, *(7) we can arrange* for the goods to be sent by air freight, but *(8) this will be charged at extra cost.*
Insurance is *(9) payable by you.*
(10) We thank you for your custom, and will be pleased to answer any further queries you might have regarding the shipment.

Yours truly, *(AE)*

11 ZAHLUNGS-ERINNERUNGEN

Brief 15

(1) Dear Mr Hughes,

May we *(2) draw your attention to* our invoice No. 254 dated September 5th. *(3) As we have not yet received* payment, *(4) we should be grateful* if you would *(5) forward your remittance* as soon as possible. *(6) If you have already sent* the amount due, please *(7) ignore this reminder.*

(8) Yours truly, (AE)

12 VERHANDLUNGEN UND VEREINBARUNGEN

Brief 16

Dear Sir or Madam,

We are manufacturers of telephone answering machines and *(1) are seeking* a European manufacturer of compatible products with a view to entering into a commercial partnership. We would like to offer our services as commercial agents for your products in the United States, *(2) in exchange for* your represention of our products on the European market. Please find enclosed a brochure describing our company.

As we are sure *(3) you are aware*, the U.S. market offers excellent potential for your type of product, and *(4) we feel confident* that you will appreciate how much *(5) your company could benefit* from such a partnership. As for ourselves, we have reason to believe that the market *(6) is opening up* in Europe for our products and consider that the best way *(7) to take advantage of this opportunity* is to achieve a commercial presence via a European company.

We hope you will *(8) give this proposal your kind consideration*, and look forward to your reply.

Yours truly, *(AE)*

13 VERTRÄGE AUFSETZEN

Brief 17

Dear Mr Southampton,

Agency Agreement

(1) With reference to our telephone conversation of Thursday, I am pleased

to confirm the agency agreement giving you *(2) sole agency* for our products in the United States.

(3) Enclosed are two copies of our terms for the agency agreement. Would you please *(4) sign both copies* and return them to me, *(5) together with* any comments or amendments you would like to make regarding the contents. *(6) Should you have any further queries* concerning the conditions of the agency agreement *(7) please do not hesitate to contact me.*

I look forward to *(8) our forthcoming meeting* to discuss the final contract, and hope this is the beginning of a long and mutually beneficial association.

Yours truly, *(AE)*

14 DANKSCHREIBEN

Brief 18 (formell)

(1) Dear Mrs Johnson,

(2) I should like to thank you for *(3) the fruitful meeting* we had last Tuesday and for *(4) your kind hospitality.* It was *(5) most interesting* to visit your company and become better acquainted with your business operations.
I trust *(6) we shall shortly be receiving* your order for the new products *(7) we discussed during our meeting*, and look forward to *(8) renewed transactions* between our two companies.

(9) Yours sincerely,

Brief 18a (informell)

Dear George,

Many thanks for the very pleasant evening at the White Horse the other night. I haven't enjoyed myself so much for a long time and *it was lovely to see you again*; we *ought to make it more of a regular event.* Incidently, I found your friend Sarah particularly charming. I don't suppose you have her address do you?
Hope to see you again soon. Why don't you come and visit me in Berlin next time?

Best wishes,

15 ANGEBOTE UND EINLADUNGEN

Brief 19 (formell)

(1) Dear Sir,

The administrators of Buckingham Palace *(2) have pleasure in inviting you* to tender *(3) for a contract as official supplier* to Her Majesty the Queen.

(4) Please find enclosed an invitation *(5) to attend a reception* at the Palace, at which all current and potential suppliers will be present.

We look forward to *(6) your early reply.*

(7) Yours faithfully,

Brief 20 (informell)

(1) Dear Sarah,

I have *(2) taken the liberty of writing to you* as *(3) I am due to be* in England again soon, for the week beginning 20th June, and *(4) was wondering if we could* spend an evening together. *(5) How would you like to go to* that new play at the Royal Theatre, followed, of course, by dinner? *(6) Let me know* which day *(7) would suit you best,* and I will ask my secretary *(8) to make the necessary reservations.*

I hope you will *(9) be able to make it* as I am very much looking forward to seeing you again.

(10) Best wishes,

16 EINLADUNGEN BEANTWORTEN

Brief 21 (formell)

(1) Dear Mr Blue,

(2) In reply to your letter of 1st June *(3) we have pleasure in accepting* your invitation *(4) to tender for a contract* as official supplier to Her Majesty the Queen.
(5) We look forward to receiving further *(6) instructions and documentation* regarding the tender procedure.

(7) Yours sincerely,

Brief 22 (formell)

Dear Sir,

Mr Müller *(8) thanks* Her Majesty's Suppliers *(9) for their kind invitation* to the reception at Buckingham Palace on Friday 20th June which *(10) he has much pleasure in accepting.*

Yours faithfully,

Brief 23 (informell)

(1) Dear Jens,

(2) Thanks for the invitation. *(3) I would be delighted* to go to the theatre with you. The best day for me would be Monday 23rd June.

(4) It will be a pleasure to see you again!

(5) Best wishes,

17 GESCHÄFTLICHE MITTEILUNGEN

Brief 24

(1) Dear Customer,

(2) We have pleasure in announcing that our company has recently been accepted as official supplier to Her Majesty the Queen.

This contract *(3) comes as a reward for* the excellent quality and service *(4) we always strive to offer* our customers. To mark the event we are offering special prices on our Mars and Princess ranges if *(5) you place your order* before 1st August. We are sending you our latest catalogue *(6) under separate cover.*

We look forward to maintaining the special relationship we have with our customers and to continuing to *(7) provide them with* the prompt service and quality products *(8) to which they are accustomed.*

(9) Yours sincerely,

18 PERSÖNLICHE KORRESPONDENZ

Brief 25

(1) Dear Angela,

(2) I was delighted to learn that you *(3) have been appointed* Regional Manager for Europe. *(4) May I wish you every success* in your new post, for which I am sure you have just *(5) the right qualities* and experience.

My colleagues *(6) join me in sending you* our warmest congratulations, and we look forward to *(7) continuing our long association.*

(8) With best wishes,

19 PROBLEME UND REKLAMATIONEN

Brief 26

Dear Mr Müller,

(1) We received the consignment (Order No. 671B) this morning *(2) Regrettably*, some of the crates were damaged, and on unpacking them we found a number of breakages. We would suggest this is due either to *(3) inadequate packing* or to an accident in transit.
As sale was on a c.i.f. basis, we presume *(4) you will be claiming compensation* from the carrier. We estimate the value of the damage at around £2,500. We will, of course, be keeping the damaged crates and their contents *(5) for inspection.*
(6) Under the terms of the guarantee, we should be most grateful if you would *(7) send a replacement* for the damaged items. A list of these is enclosed. We must ask you to *(8) attend to the matter with the utmost urgency* as this delay is *(9) causing us great inconvenience.*

We look forward to an early reply.

Yours sincerely,

20 REKLAMATIONEN BEANTWORTEN

Brief 27

(1) Dear Mr Brown,

We were *(2) concerned to learn from* your letter of October 3rd that the consignment of telephones ordered from us was *(3) damaged on arrival.* We *(4) very much regret the disruption* this has caused you.
Upon investigation, we have ascertained that the consignment was packed *(5) in the usual manner*, which *(6) in our experience* is more than adequate for a journey of the kind undertaken. Any damage *(7) occurring in transit*, however, is the responsibility of the carrier, and we have *(8) handed the matter over to* our insurance company who will be contacting you shortly.
I have asked one of our agents to arrange to call at your *(9) premises* to inspect the damage. In the meantime, a replacement for the damaged articles was despatched today.
Once again, *(10) we apologize* for the inconvenience caused, and trust that you will find the replacements *(11) to your entire satisfaction.*

Yours sincerely,

21 STELLENANGEBOTE UND BEWERBUNGEN

Brief 28

Dear Mr Müller,

I should like *(1) to be considered for the post of* assistant to the Export Manager, *(2) as advertised* in "The Times" of 1st November.

(3) Having graduated from business school in 1989, where I specialised in international business, I began working for the marketing department of United Telecom. It was there that I came across your products for which I have always had a high regard. I should be delighted to have the opportunity to work for your company, in order to *(4) broaden my experience* in the field of telecommunications in a challenging international environment.
(5) Enclosed is my curriculum vitae which will give you further particulars of my career *(6) to date*. I am *(7) available for interview* at any time, and should be happy to come to Berlin if necessary.
I look forward to *(8) hearing from you.*

Yours sincerely,

23 BEWERBUNGEN BEANTWORTEN

Brief 29

(1) Dear Miss Martin,

Thank you for *(2) your application for* the post of assistant to the Export Manager. Your curriculum vitae indicates that you may well have the qualities and experience *(3) we are looking for.*
I would be grateful if you would come to our office in Berlin for an interview on December 4th at 10 a.m. You *(4) will be expected* to remain in Berlin *(5) throughout the day* as the interview procedure includes a visit of the company premises and factory. You *(6) will be reimbursed* for all reasonable *(7) hotel and travelling expenses.*
I look forward to your quick reply.

(8) Yours sincerely,

NÜTZLICHE REDEWENDUNGEN

BRIEFANFANG

Informieren, ankündigen

Wir freuen uns, Ihnen mitteilen zu können … .	*We have pleasure in announcing… .*
Wir freuen uns, Sie davon in Kenntnis zu setzen, … .	*We are pleased to inform you… .*
Es wird Sie interessieren, daß … .	*You will be interested to know that… .*

Bestätigen

Wir bestätigen Ihnen (hiermit) … .	*We (hereby) write to confirm… . / This is to confirm… .*
Wir freuen uns, (Ihnen) zu bestätigen … .	*We are pleased to confirm… .*
Mit größtem Vergnügen (würde ich) … .	*I should be delighted to… .*
Wir sind von … sehr beeindruckt.	*We are very impressed by… .*

Empfang bestätigen

Wir danken Ihnen für Ihren Brief vom … .	*(We) Thank you for your letter of… . / We acknowledge with thanks your letter of… .*
Wir haben … erhalten.	*We have received… .*
Wir bestätigen den Erhalt von … .	*We acknowledge receipt of… .*

Sich auf einen vorausgegangenen Kontakt beziehen

Bezug nehmend auf unser Telefongespräch … .	*As per / Following our telephone conversation … .*
Wie in meinem Brief vom … erwähnt … .	*As mentioned in my letter of… .*
Bezug nehmend auf Ihren Brief vom … .	*With reference to your letter of… .*
Wir beziehen uns auf Ihren Brief vom … .	*We refer to your letter of… / Further to your letter of… .*

Auf Anlagen hinweisen

In der Anlage erhalten Sie … .	*Please find enclosed… . / We enclose… .*
Anbei finden Sie … .	*Enclosed is/are… .*
Wir freuen uns, … beizufügen.	*We have pleasure in enclosing… .*

Wir schicken ... mit getrennter Post.	*We are sending... under separate cover.*
Wir freuen uns, Ihnen ... vorzulegen / zu unterbreiten.	*We are pleased to submit... .*

Einem Termin zustimmen

Montag um 10 Uhr würde mir zusagen.	*Monday at 10 a.m. would suit me perfectly.*
Dienstag paßt mir sehr gut.	*Tuesday is fine by me. (informell)*

Ablehnen, ein Angebot zurückweisen

Es tut uns leid, Ihnen mitteilen zu müssen, daß	*We regret to have to announce / to have to inform you that... .*
Es tut uns leid, Sie davon in Kenntnis zu setzen	*We regret to inform you... .*
Leider fürchte ich, daß	*Unfortunately, I am afraid that... .*
Sehr zu meinem Bedauern	*Much to my regret... .*
Ich kann nur ... bedauern.	*I can only regret... .*
Wir sind nicht in der Lage, ... anzunehmen.	*We are not in position to accept... .*
Es ist mir nicht möglich, ...	*It is not possible for me to... .*
Es kann keine Frage sein, daß	*There can be no question of... .*

ANFRAGEN

Eine Bitte formulieren

Könnten Sie ... ?	*Could you please... ?*
Ich wäre Ihnen dankbar, wenn Sie	*I should be grateful if you would... .*
Ich wäre Ihnen dankbar, wenn Sie ... könnten.	*I would be obliged if you would... .*
Wir wären dankbar, wenn	*We should be glad if... .*
Wir wären (sehr) dankbar für	*We would be (most) grateful for... .*
Wären Sie so freundlich, ... ?	*Would you kindly... ?*
Wäre es Ihnen möglich, ... zu ... ?	*Would it be possible for you to... ?*
Würden Sie bitte	*Please would you... .*
Wir möchten	*We would like... .*
Sie werden gebeten, ...	*You are requested... .*

Informationen einholen

Könnten Sie uns mitteilen, ob ... ?	*Could/Would you let us know if... ?*

Wir wüßten gern, ob ... oder	*We would be interested to know whether/if....*
Könnten Sie mir sagen, ob ... ?	*Could you tell me whether/if... ?*
Bitte nachsenden an	*Please forward to....*
Bitte schicken Sie mir	*Please send me....*
Könnten Sie mir freundlicherweise ... zuschicken?	*Would you kindly send me... ?*
Bitte machen Sie mir genauere Angaben zu	*Please give me details of....*

Um eine Antwort oder Bestätigung bitten

Bitte antworten Sie ...	*Please reply...*
umgehend.	*without delay.*
postwendend.	*by return of post.*
Bitte lassen Sie (es) uns schnellstmöglich wissen.	*Please let us know as soon as possible.*
Schicken Sie Ihre Antwort bitte an ...	*Please send your reply to....*
Setzen Sie sich bitte mit ... in Verbindung.	*Please contact....*
Bitte bestätigen Sie	*Would you please confirm....*

VORSCHLÄGE, ANGEBOTE, EINLADUNGEN

Vorschlagen

Darf ich vorschlagen, ...	*May I suggest....*
Ich würde vorschlagen, ...	*I would suggest....*
Wir können Ihnen ... vorschlagen.	*We are able to suggest....*
Sie könnten	*You could....*
Sie könnten vielleicht	*You might....*
Ich schlage vor, daß	*I propose that....*
Was meinen Sie zu ... ?	*What would you say about... ?*
Es wäre sinnvoll, ...	*It would be sensible....*

Ein Angebot machen

Wir bieten (Ihnen) ... (an).	*We are offering....*
Wir können Ihnen ... anbieten.	*We are able to offer you....*
Diese Ware ist im Sonderangebot.	*These goods are / This product is on special offer.*
Wir würden sehr gern	*We would be delighted to....*
Wenn es Ihnen nichts ausmacht, ...	*If you don't mind.... (informell)*

Einladen

Ich möchte Sie ... einladen.	*I should like to invite you....*
Wir würden uns sehr freuen, wenn Sie zu/für ... zu uns kämen.	*We should be delighted if you would join us for....*
Ich wäre sehr erfreut	*I should be delighted....*

REKLAMATIONEN

Reklamieren

Wir möchten Sie daran erinnern, daß	*We would like to remind you that....*
Leider müssen wir Ihnen mitteilen, daß ... sich nun beträchtlich verspätet hat.	*We regret to inform you that... is now considerably overdue.*
Wir bedauern, Ihnen mitteilen zu müssen, daß ... noch nicht angekommen ist.	*We regret to have to inform you that... has not yet arrived.*
Bitte bringen Sie in Erfahrung, warum die Lieferung von ... noch nicht erfolgt ist.	*Please look into the non-delivery of...*
Wir bitten um eine Überprüfung/Erklärung	*We should like to query....*
Leider muß ich mich über ... beschweren.	*I regret to have to complain about....*

Auf ein Problem aufmerksam machen

Wir möchten Sie auf die Tatsache hinweisen, daß	*We would like to draw your attention to the fact that....*
Es/Da muß ein Fehler vorliegen.	*There must be some mistake.*

GEWISSHEIT, VERMUTUNG, ZWEIFEL

Gewißheit zum Ausdruck bringen

Es ist klar, daß	*It seems clear that....*
Es besteht kein Zweifel, daß	*There is no doubt that....*
Wir sind (davon) überzeugt, daß	*We are convinced/confident that....*
Wir werden (es) nicht versäumen, zu	*We shall not fail to....*

Vermutungen aufstellen

Es ist sehr wahrscheinlich, daß	*It is quite possible that....*

Es hat den Anschein, daß … .	*It would seem that… .*
Alles scheint darauf hinzuweisen, daß … .	*Everything seems to point to the fact that… .*
Sollte dies unpassend/ungelegen sein, … .	*Should this not be convenient… .*
Sollten Sie nicht verfügbar sein, … .	*Should you be unavailable… .*
Sollte dies nicht mit … übereinstimmen, … .	*If this does not fit in with… . (z. B. Pläne) / If this does not correspond with… . (z. B. Rechnungen)*

Zweifel und Befürchtungen zum Ausdruck bringen

Leider … .	*Unfortunately… .*
Ich fürchte, daß … .	*I am afraid that… .*
Wir bezweifeln, daß … .	*We doubt very much whether… .*
Es könnte eine Verzögerung eintreten.	*This could cause a delay.*

SICH ENTSCHULDIGEN

Es tat uns leid zu hören, daß … .	*We were sorry to hear that… .*
Es tut uns sehr leid um … / , daß … .	*We are very sorry for/that… .*
Wir entschuldigen uns für … .	*We apologize for… .*
Wir bitten Sie ganz herzlich, uns für … zu entschuldigen.	*Please accept our sincere apologies for… .*
Wir müssen uns für … entschuldigen.	*We must apologize for… .*
Bitte entschuldigen Sie … .	*Do forgive us for… .*

GLÜCK- UND GENESUNGSWÜNSCHE, BEILEIDSERKLÄRUNGEN

Herzliche Glückwünsche.	*Many congratulations.*
Wir senden unsere herzlichsten Glückwünsche.	*Please accept our warmest congratulations.*
Wir wünschen Ihnen allen erdenklichen Erfolg.	*We wish you every success.*
Ich sende Ihnen meine (aller)besten Wünsche für eine rasche Genesung.	*I send you my (very) best wishes for a speedy recovery.*
Ich möchte Ihnen alles Gute zum Geburtstag wünschen.	*I would like to wish you a very happy birthday.*
Darf ich Ihnen mein herzliches Beileid ausdrücken.	*May I offer you my sincere condolences.*

SICH BEDANKEN

formell:	
Ich möchte mich aufrichtig für ... bedanken.	*I should like to express my sincere thanks for... .*
Wir sind Ihnen für die Art und Weise, in der Sie ... zu größter Dankbarkeit verpflichtet.	*We owe you our most sincere thanks for the way in which you... .*
Es war sehr freundlich von Ihnen	*It was most kind of you... .*
Wir möchten Ihnen für ... danken.	*We should like to thank you for... .*
Wir bedanken uns sehr für	*We are most grateful for... .*
Wir bedanken uns ganz herzlich für	*Please accept our warmest thanks for... .*
Wir möchten unserer Dankbarkeit / unserem aufrichtigen Dank für ... Ausdruck geben.	*We should like to express our gratitude / our sincere thanks for... .*
informell:	
Wir danken für	*Thank you for... .*
Danke für	*Thank you for... .*
Vielen Dank für	*Many thanks for... .*

BRIEFSCHLUSS

Wir möchten uns nochmals für Ihre Hilfe bedanken.	*Thanking you once again for your help.*
Mit bestem Dank im voraus.	*Thanking you in advance.*
Bei etwaigen Rückfragen stehen wir Ihnen gerne jederzeit zur Verfügung.	*Please do not hesitate to contact us if you require any further information.*
Wir freuen uns darauf, ... zu bekommen.	*We look forward to receiving... .*
Wir freuen uns auf eine baldige Antwort.	*We look forward to hearing from you soon.*

WICHTIGE ABKÜRZUNGEN

a/c	account	Konto
a.m.	ante meridiem	morgens; vormittags
asap	as soon as possible	so bald wie möglich
Assn.	Association	Verband
attn.	(for the) attention (of)	zu Händen von (z. Hd.)
B/E	bill of exchange	Wechsel
B/L	bill of lading	Frachtbrief
cc	copy to, copies	Kopie an
cf.	compare	vergleichen
CFR	cost and freight	Kosten und Fracht
CGT	capital gains tax	Kapitalertragssteuer
CIF	cost, insurance and freight	Kosten, Versicherung und Fracht
CIP	carriage and insurance paid to	frachtfrei versichert
CIS	Commonwealth of Independent States	Gemeinschaft Unabhängiger Staaten (GUS)
C/N	credit note	Gutschrift
Co.	company	Firma, Gesellschaft (Fa.)
c/o	care of	zu Händen von
COD	cash on delivery	Zahlung gegen Nachnahme
Corp.	Corporation	Gesellschaft
CPT	carriage paid to	frachtfrei
CR	credit	Guthaben
CWO	cash with order	Bezahlung bei Bestellung
D/A	documents against acceptance	Dokumente gegen Akzept
DD	direct debit	Direktabbuchung
DDP	delivery duty paid	geliefert verzollt
DDU	delivery duty unpaid	geliefert unverzollt
DEQ	delivered ex quay	geliefert ab Kai/verzollt
DES	delivered ex ship	geliefert ab Schiff
DN	debit note	Lastschriftanzeige
D/P	documents against payment	Dokumente gegen Kasse
enc(s).	enclosure(s)	Anlage(n)
EXW	ex works	ab Werk
fao	for the attention of	zu Händen von
FAS	free alongside ship	frei Längsseite Schiff
FCA	free carrier	frei Frachtführer
FOB	free on board	frei Schiff, frei an Bord
FOR	free on rail	frei Bahn
gr.	gross	brutto

H.O.	Head Office	Hauptniederlassung
i.e.	(Latin: id est) that is to say	das heißt (d.h.)
IMO	international money order	internationale Postanweisung
Inc	Incorporated *(US)*	amtlich (als Aktiengesellschaft) eingetragen
lb.	pound	Pfund (engl. Pfund = 454 g)
L/C	letter of credit	Akkreditiv
Ltd.	limited	(Gesellschaft) mit beschränkter Haftung
N/A	not applicable	entfällt
NB	Note (nota bene)	Merkzeichen, übrigens
N.C.V.	no commercial value	ohne Handels-/Marktwert
No.	number	Nummer, Nr.
oz.	ounce (weight)	Unze (Gewicht)
p. a.	per year (per annum)	pro Jahr
p & p	postage and packing	Porto und Verpackung
PLC	public limited company	Aktiengesellschaft
p.m.	post meridiem	nachmittags, abends
PO	Post Office; postal order	Postamt; Postanweisung
pp.	(Latin: per procurationem) on behalf of	in Vertretung
p.t.o.	please turn over	bitte wenden (b.w.)
re.	with reference to, regarding	bezüglich
Ref.:	reference	Betreff; betrifft (betr.) *(Briefkopf)*
rlwy.	railway	(Eisen-)Bahn
RRP	recommended retail price	unverbindliche Preisempfehlung, empfohlener Richtpreis
RSVP	(French: Répondez s'il vous plaît) please reply	um Antwort wird gebeten
SAE	stamped addressed envelope	frankierter Rückumschlag
VAT	Value Added Tax	Mehrwersteuer
wk	week	Woche
ZIP (code)	zone of improved delivery (US)	Postleitzahl

GLOSSAR ENGLISCH-DEUTSCH

(AE) = American English, (BE) = British English

A

abroad – im Ausland
accessories – Zubehör(-teile)
accommodation – Unterkunft
accordance (in ~ with) – in Übereinstimmung mit; gemäß
account – Konto
accountancy – Rechnungswesen, Buchhaltung
accountant – Buchhalter(in); Wirtschaftsprüfer(in)
accounting error – Buchungsfehler
accounts department – Rechnungsabteilung
accrue (to) – anfallen, -sammeln, -wachsen
acknowledge (to) – anerkennen; zugeben; bestätigen
acknowledge (to ~ receipt) – den Empfang bestätigen
acknowledgement (of receipt) – (Empfangs-) Bestätigung
act – Gesetz, Rechtshandlung
added value – Mehrwert
address – Adresse, Anschrift
addressee – Empfänger
adjourn (to) – verschieben, vertagen
adjustment – Anpassung; Regulierung
admit (to) – zugeben
advance (in ~) – im voraus
advance payment – Vorauszahlung
advertisement – Annonce, Anzeige
advertising – Werbung, Reklame
advice – Rat(-schlag); Benachrichtigung
advice of payment – Zahlungsmitteilung
advise (to) – (be-)raten; benachrichtigen
after-sales service – Kundendienst
agency agreement – Vertretervertrag
agent – Vertreter, Repräsentant
agreement – Übereinkunft; Abkommen
air freight – Luftfracht
air waybill – Luftfrachtbrief
amount – Betrag, Summe
amount due – fälliger Betrag
announce (to) – ankündigen
annual – alljährlich
answer phone – Anrufbeantworter
answering machine – Anrufbeantworter
apologize (to) – sich entschuldigen
apology – Entschuldigung
appalling service – miserabler Service
applicant – Bewerber(in)
application (form) – Bewerbung(-svordruck, -sunterlagen)
apply (to ~ for) – sich bewerben um
appointed agent – Bevollmächtigte(r), Repräsentant(in)
appointment – Verabredung, Termin; Ernennung, Anstellung
appropriate – passend, geeignet; angemessen
approval (on ~) – zur Ansicht
area – Gebiet, Gegend
arrange (to) – veranlassen, arrangieren
arranged (as ~) – wie vereinbart
arrangements (to make ~) – Vorbereitungen/Vorkehrungen treffen
as from – beginnend am, ab dem (Datum)
ascertain (to) – ermitteln, feststellen
attend (to) – teilnehmen; anwesend sein
attention – Aufmerksamkeit
availability – Verfügbarkeit
available – verfügbar
average – Durchschnitt; durchschnittlich

B

balance *(financial)* – Saldo, Guthaben
bank account – (Bank-)Konto
banker's draft – Bankwechsel, Scheck
bed, breakfast and evening meal – Zimmer mit Halbpension
beneficial – vorteilhaft, nützlich
besides – außerdem, ferner
bid *(AE)* – Angebotsausschreibung
bill of exchange – Wechsel
bill of lading – Konnossement
blank cheque – Blankoscheck
block capitals – Blockschrift
book (to) – buchen, reservieren
booking – Reservierung
boom – Hochkonjunktur
branch – Filiale, Zweigstelle
brand – (Firmen-)Marke
breakages – Bruch, zerbrochene Ware
breakdown – Panne, technischer Defekt
brisk trade – florierender Handel
broaden (to) – ausweiten, erweitern
bulk – (große) Menge, Masse

business (on ~) – geschäftlich
buyer – Käufer
by *(e.g. air freight)* – per *(z. B. Luftfracht)*

C

cancel (to) – absagen, streichen, rückgängig machen
candidate – Kandidat(in); Bewerber(in)
capital letters – Großbuchstaben
cargo – Fracht
carriage free – frachtfrei
carriage paid – frei Haus
carrier – Spediteur
carry (to ~ out) – aus-, durchführen
cash advance – Barvorschuß
cash in advance – Vorauszahlung
cash on delivery – per Nachnahme / Zahlung gegen Nachnahme
casual dress – zwangslose/legere Kleidung
cater (to ~ to one's needs) – seine Bedürfnisse befriedigen
certified true – beglaubigte Abschrift/Kopie
CFR (Cost and Freight) – Kosten und Fracht
chain of hotels – Hotelkette
chairman, -woman, -person – Vorsitzende(r)
challenge – Herausforderung
charge (to) – berechnen
charges – Kosten
charges forward – Nachnahme, Zahlung nach Warenerhalt
check (to) – prüfen
CIF (Cost, Insurance and Freight) – Kosten, Versicherung, Fracht
CIP (Carriage and Insurance Paid to) – frachtfrei versichert
claim – Anspruch; Forderung
clear (to ~ an account) – e. Konto ausgleichen
clear (to ~ through customs) – zollamtlich abfertigen
clerical error – Bearbeitungsfehler
come (to ~ across sth) – (zufällig) auf etw stoßen
comment – Kommentar
commission (rate of ~) – Provision
company – Firma
compensation – Entschädigung
competition – Wettbewerb; Konkurrenz
competitive – wettbewerbs-, konkurrenzfähig
competitor – Konkurrent
complain (to) – sich beschweren
complaint – Beschwerde, Reklamation
comply (to ~ with sth) – e. Sache entsprechen; in Einklang mit etw stehen
component parts – Zubehör-, Einzelteile
concern (to whom it may ~) – an alle, die es betrifft
conditions – Bedingungen
condolences – Beileidswünsche
confident – sicher, zuversichtlich
confirm (to) – bestätigen
congratulate (to) – gratulieren
congratulations – Glückwünsche
connection – Verbindung, Beziehung
consignee – Empfänger, Adressat
consignment – Lieferung
consignor – Absender, Versender
construction equipment – Baumaschinen
consumer – Verbraucher(in)
consumer boom – Hochkonjunktur
contact (to) – sich in Verbindung setzen mit
contact (to get in ~) – Kontakt aufnehmen
content – Inhalt
contract – Vertrag
convenience (at your earliest ~) – möglichst bald
convenient (to be ~) – bequem/passend/geeignet sein
copy – Kopie
courier (by ~) – per Eilboten
covered (to be ~ by insurance) – durch eine Versicherung gedeckt sein
CPT (Carriage Paid To) – frachtfrei
crate – (Fracht-)Kiste
credit (to give ~) – Kredit gewähren
credit (to) – gutschreiben
credit facilities – Kreditmodalitäten
credit note – Gutschriftsanzeige
credit terms – Kreditbedingungen
creditor – Gläubiger
currency – Währung
current – laufend; momentan
curriculum vitae – Lebenslauf
custom (thank you for your ~) – wir bedanken uns für die gute Zusammenarbeit
customer – Kunde, Kundin
customs – Zoll(polizei)
customs clearance – Zollabfertigung
customs duties – Zollgebühren

D

DAF (Delivered At Frontier) – geliefert Grenze
damaged – beschädigt

damages – Schäden
DDP (Delivered Duty Paid) – geliefert verzollt
DDU (Delivered Duty Unpaid) – geliefert unverzollt
deadline – Stichtag, letzter Termin
deal (to ~ with) – (be)handeln, sich befassen mit
dealer – Händler(in)
debit – Soll, Lastschrift
debit (to) – (Konto) belasten, debitieren
debt(s) – Schulden
deduct (to) – abziehen
defect – Defekt, Schaden
defective – defekt, fehlerhaft
delay – Verzögerung
delay (to) – verzögern
deliver (to) – (aus)liefern
delivery – Auslieferung
delivery (to take ~ of) – in Empfang nehmen
delivery duty paid – geliefert verzollt
delivery slip – Lieferschein
demand – Forderung
department – Abteilung
depleted stocks – erschöpfte Vorräte
deposit account – Sparkonto
DEQ (Delivered Ex Quai) – geliefert ab Kai, verzollt
DES (Delivered Ex Ship) – geliefert ab Schiff
despatch (to) *(also dispatch)* – abfertigen, abschicken
detail (to) – einzeln aufführen
details – Einzelheiten
direct debit – Direktabbuchung
discount – Preisnachlaß, Rabatt
discrepancy – Abweichung, Unstimmigkeit
disembark (to) – ausladen, löschen
dispatch *(also despatch)* – Abfertigung, Versand
dispatch (to) *(also despatch)* – abfertigen, abschicken
display (on ~) – ausgestellt
display (to) – ausstellen
disruption – Störung
distressed (to be ~) – bekümmert/unglücklich sein
distribution company – Vertriebsgesellschaft
DIY (Do It Yourself) products – Heimwerkerprodukte
documents against payment – Dokumente gegen Zahlung
draft – Wechsel
draw (to ~ out money) – Geld abheben
draw (to ~ so's attention to sth) – jdn auf etw hinweisen
driving licence – Führerschein
due date – Fälligkeitstermin
duly signed – ordnungsgemäß unterzeichnet
duplicate – Doppel, Duplikat
dutiable – abgaben-, zollpflichtig
duty free – zollfrei
duty paid – verzollt

E

emphasize (to) – betonen
enclose (to) – beifügen
enclosed – anbei, (in der) Anlage
engineer – Ingenieur(in)
enquire (to) *(also inquire)* – sich erkundigen, fragen
enquiry *(also inquiry)* – Anfrage
envelope – Umschlag
estate car – Kombi(-wagen)
estimate – Schätzung; Kostenvoranschlag
estimate (to) – schätzen
evaluation – Bewertung
evening dress – Abendkleidung
Ex Works – ab Fabrik/Werk
exceed (to) – übersteigen
exchange rate – Wechselkurs
exclusively – exklusiv; ausschließlich
execute (to ~ an order) – e. Auftrag ausführen
exhibit (to) – ausstellen
exhibition – Ausstellung
expenses – Spesen, Ausgaben
extension of payment time – Zahlungsaufschub
extension wire – Verlängerungskabel
extra cost (to charge at ~~) – zuzüglich berechnen
EXW (Ex Works) – ab Werk, ab Lager

F

factory – Fabrik, Werk
fail (to ~ to do sth) – versäumen, etw zu tun
failure to pay – Zahlungsunfähigkeit
fair – Messe
FCA (Free Carrier) – frei Frachtführer
fee – Gebühr, Honorar
field (in the ~ of) – auf dem Gebiet / im Bereich von
file – Akte
financial standing/status – Finanzlage

financial year – Wirtschafts-, Haushaltsjahr
fine – Strafe
firm – Firma, Gesellschaft
firm offer – verbindliches Angebot
fluent (to be ~ in a language) – fließend e. Sprache sprechen
following – (nach-)folgend
force (in ~) – rechtskräftig, gültig
form – Formular
formal dress – Gesellschaftskleidung
forthcoming – baldig, bevorstehend
forward (to) – nachschicken, weiterleiten
forwarding address – Nachsendeadresse
forwarding agent – Spediteur
FOB (Free on Board) – frei Schiff
FRC (Freight or Carriage Paid to...) – frachtfrei
free of charge – kostenlos, umsonst
freight, carriage and insurance paid to... – frachtfrei versichert
fulfil (to ~ a requirement) – e. Anforderung erfüllen
full board – Vollpension
fully booked – belegt
funds – Mittel, Gelder
further – weiter, ferner; zusätzlich

G

gain (to ~ experience) – Erfahrung(en) sammeln
goods – Ware(n)
graduate (to) – e. (akademischen) Grad erlangen; die Abschlußprüfung ablegen
grant (to ~ a discount) – e. Rabatt gewähren
grateful (to be ~) – dankbar sein
guarantee (to) – garantieren
guarantor – Bürge, Bürgin

H

half board – Halbpension
handling charge – Bearbeitungsgebühr; Umladekosten; Kontoführungsgebühr
harbour – Hafen
have (to ~ sth on) – etw vorhaben
head office – Zentrale, Hauptverwaltung
hereafter – nachfolgend, von jetzt an
hereby – hiermit
hermetically sealed – hermetisch versiegelt
high standard – hohes Niveau, hohe Qualität
hire (to) – mieten
hospitality – Gastfreundschaft

I

importer – Importeur, Importfirma
improve (to) – verbessern
in-house – hausintern, innerbetrieblich
inadequate packing – unsachgemäße Verpackung
included – inbegriffen
including – inklusive
inclusive – einschließlich
inconvenience – Unannehmlichkeit
increase – Wachstum, Steigerung
increase (to) – zunehmen, ansteigen
incur (to ~ expenses) – Unkosten haben
inform (to) – informieren
initial order – Erstbestellung
inlaid *(e.g. with diamonds)* – eingearbeitet *(z. B. mit Brillanten)*
inquire (to) *(also enquire)* – sich erkundigen, fragen
inquiry *(also enquiry)* – Anfrage
installation – Installation; Anschluß; Einbau
instalment (monthly ~) – Monatsrate
instructions for use – Gebrauchsanweisung
insurance – Versicherung
insurance (to take out an ~ policy) – e. Versicherung abschließen
insurer – Versicherer
intend (to ~ to do sth) – planen/vorhaben, etw zu tun
intermediary – Mittelsperson
interview – (Einstellungs-)Gespräch
introductory price – Einführungspreis
investigation (upon ~) – bei näherer Untersuchung
invoice – Rechnung
invoice (to) – in Rechnung stellen, berechnen

K

keep (to ~ an appointment) – e. Verabredung einhalten
kind – nett, freundlich
kindness – Freundlichkeit

L

launching – Einführung (e. Produkts)
leaflet – Broschüre
legal department – Rechtsabteilung
letter of credit, L/C – Akkreditiv
liability – Haftung
liable – haftbar
link – Verbindung, Beziehung

loading – Be-, Verladen
lobby – Foyer
look (to ~ forward to) – sich freuen auf
loss – Verlust
lot – Partie, Posten

M

mail *(AE)* – Post
maintenance engineer – Wartungsingenieur(in)
management – Geschäftsführung, -leitung
manufacturer – Hersteller(in)
manufacturing plant – Fabrik, Produktionsstätte
manufacturing process – Herstellung(-svorgang)
market – Markt
maturity date – Fälligkeit(-stermin)
measure (to) – messen
meet (to) – treffen
meet (to ~ a deadline) – e. Termin einhalten
meeting – Treffen, Versammlung
mention (to) – erwähnen
mentioned (as ~) – wie … erwähnt
merger – Fusion
message pad – Notizblock
mistake – Fehler
misunderstanding – Mißverständnis
model – Modell
money order – Geldanweisung

N

negotiate (to) – verhandeln über
net price – Nettopreis
network – Netz(-werk)
note – Notiz, Vermerk
note (to) – bemerken; zur Kenntnis nehmen
notice – Notiz
notify (to) – benachrichtigen

O

obliged – gezwungen; dankbar, verbunden
occasion – Gelegenheit
occur (to) – sich ereignen, passieren
office – Büro
opportunity – (günstige) Gelegenheit
opportunity (to take the ~ to) – die Gelegenheit ergreifen, zu
optional – auf Wunsch erhältlich; freiwillig; fakultativ
optional extras – Extras
order – Bestellung, Auftrag
order (to) – bestellen
order cheque – Orderscheck
order form – Bestellformular
outskirts – (äußere) Vororte, Stadtrand
outstanding – ausstehend, unerledigt; hervorragend
overbook (to) – überbelegen, überbuchen
overdraft – (Konto-)Überziehung
overdrawn – überzogen (Konto)
overdue – überfällig
overseas – in/nach Übersee; *(in GB auch:)* in/nach Europa
owing to – wegen, aufgrund

P

package tour – Pauschalreise
packing – Verpackung
particulars – Einzelheiten
partnership – Partnerschaft
patronage – Schirmherrschaft, Unterstützung; Vertrauen, Treue
payable by you – geht zu Ihren Lasten
per (as ~) – gemäß, laut
performance – Leistung
place (to ~ an order) – e. Bestellung aufgeben
plan (to ~ to do sth) – planen/vorhaben, etw zu tun
plenty of – viel, e. Menge
popular – beliebt
possible (as soon as ~) – so bald wie möglich
post – Post; Stelle
post (to) – mit der Post schicken, abschicken
postcode – Postleitzahl
postpone (to) – verschieben
potential – potentiell
preferential rate – Sonderpreis
premises – Geschäftsräume, Anwesen
previous – vorhergehend
price list – Preisliste
prior – vorausgehend, früher
prior notice – vorherige Benachrichtigung
prior sale – Zwischenverkauf
private – persönlich *(auf Briefen)*
pro forma invoice – Proforma-Rechnung
proceedings (to take ~) – gerichtlich vorgehen, e. Prozeß anstrengen
process (to) – behandeln, verarbeiten
product line – Produktlinie, Kollektion

profit margin – Profitspanne
promising – vielversprechend
promotion – Beförderung; Werbeveranstaltung
proposal – Vorschlag
propose (to) – vorschlagen
purchase – Kauf
put off (to) *(informal)* – verschieben; hinausschieben

Q

quarter – Vierteljahr
quarterly – vierteljährlich
query – Frage, Problem
query (to) – um e. Überprüfung/Erklärung bitten
quotation – Kostenvoranschlag, Preisangebot
quote (to ~ a price) – e. Preis angeben

R

rail (by ~) – per Bahn
range – Reihe, Sortiment
rate – Preis, Tarif
raw material – Rohmaterial
ready for despatch – fertig zur Auslieferung
receipt – Empfang, Erhalt; Quittung
receiver *(Telec.)* – Hörer
recently – kürzlich, vor kurzem
reception – Empfang
recommend (to) – empfehlen
recovery – Erholung, Genesung
recruit (to) – ein-, anstellen, anwerben
referee – Referenz
reference (with ~ to) – mit Bezug auf, bezüglich
refund (to) – (zurück-)erstatten
regarding – bezüglich
regards (as ~) – was … betrifft
registered letter – eingeschriebener Brief
registered (by ~ post) – per Einschreiben
regulation – Regelung, Regulierung
reimbursement – Rückerstattung
reliable – verläßlich
remind (to ~ sb) – jdn erinnern
reminder – Erinnerung
remittance – Überweisung
renew (to) – erneuern, verlängern
rent (to) – mieten
repeat order – Nachbestellung
replace (to) – ersetzen
replacement – Ersatz
reply – Antwort
reply (in ~ to your) – in Beantwortung (Ihres/Ihrer)
report – Bericht, Gutachten
representative – Repräsentant(in), Vertreter(in)
request (on ~) – auf Anfrage
request (to) – bitten, nachsuchen
requirement – Anforderung, Bedingung
reserve (to) – reservieren (lassen)
retail (to) – im Einzelhandel verkaufen
retail price – Ladenpreis
retailer – Einzelhändler(in)
retire (to) – in Pension gehen; ausscheiden aus
return (to) – zurückgeben, -schicken
return address – Absender(-adresse)
return (by ~ of post) – postwendend
return flight – Hinflug; Hin- und Rückflug
return to sender – zurück an den Absender
reward – Belohnung

S

sales manager – Verkaufsleiter(in)
sales – Verkäufe
sales department – Vertrieb, Verkaufsabteilung
sales policy – Verkaufsstrategie
sales representative – (Handels) Vertreter(in)
salesman, -woman – Verkäufer(in)
sample – Muster
satisfy (to ~ a requirement) – e. Anforderung entsprechen
savings account – Sparkonto
schedule – Zeitplan
seat – (Sitz-)Platz
send (to) – schicken
sender – Absender
separate (under ~ cover) – mit getrennter Post
service (to be of ~ to sb) – jdm nützen
settle (to) – regeln
settlement – Bezahlung; Ausgleich
ship (to) – verschiffen
shipment – Warensendung; Verschiffung
short-listed (to be ~) – in die engere Wahl kommen
show (to) – vorstellen, präsentieren
sight bill – Sichtwechsel
sight draft – Sichtwechsel
sign (to) – unterzeichnen, -schreiben
single flight – Einfachflug

single room – Einzelzimmer
single ticket – Einzelfahrschein, -karte
slight – leicht; unwesentlich
sold out – ausverkauft
sole agent – Alleinvertreter(in)
spare parts – Ersatzteile
specification sheet – Spezifikation; technische Beschreibung
specify (to) – genau angeben
stand – (Messe-)Stand; Untergestell *(für Telefon)*
standard – Norm; Maßstab; Niveau; Standard
standard *(adj)* – üblich, Standard-, Normal-
standard charges – Standardpreise
starting salary – Anfangsgehalt
statement of account – Kontoauszug; Abrechnung
steps (to take ~) – Maßnahmen ergreifen
stipulate (to) – verlangen; festsetzen; fordern
stock (in ~) – vorrätig
stock (to have sth in ~) – etw vorrätig haben
stock (to) – am Lager führen
storage – (Ein-)Lagerung
storage (in ~) – auf Lager
store (to) – lagern
strike – Streik
strive (to ~ to do sth) – bemüht sein, etw zu tun
subject to – abhängig von, vorbehaltlich
submit (to) – vorlegen; einreichen
subsequent order – Folgebestellung
subsidiary – Nebenstelle, Filiale
substantially reduced – großzügig reduziert
substitute – Ersatz
suggest (to) – vorschlagen
suit (to) – passen
suitable – passend; geeignet
sum – Summe
supplier – Lieferant(in)
supply (to) – (be-)liefern
survey of damage – Schadensaufnahme

T

tally (to) – übereinstimmen *(Zahlen, Berichte)*
technical adviser – technische(r) Berater(in)
technical specifications – technische Angaben
tender *(BE)* – Angebotsausschreibung
terms – Bedingungen
terms of payment – Zahlungsbedingungen
throughout – die ganze Zeit über; überall in
together with – zusammen mit, sowie
touch (to get in ~ with so) – sich bei jdm melden
trade fair – Handelsmesse
trading company – Handelsgesellschaft
training – Ausbildung
transfer (bank ~) – Banküberweisung
trial – Versuch
trip – Reise
turnover – Umsatz
typing error – Tippfehler

U

underline (to) – unterstreichen
undermentioned – unten erwähnt
underwriter – Versicherer
unfortunate – bedauerlich
unfortunately – leider
unit price – Preis pro Einheit, Stückpreis
unload (to) – ausladen
unloading – Entladen, Löschen
unsaleable – unverkäuflich
unsatisfactory – unbefriedigend
updated – auf den neuesten Stand gebracht
utmost urgency – äußerste Dringlichkeit

V

vacancies (no ~) – belegt
vacancy – freie Stelle; (leeres) Zimmer
vacant – unbesetzt; leer; frei
valid – gültig
value – Wert
visit (to) – besuchen

W

warehouse – Lager(-haus)
warrant – Bescheinigung; Vollmacht
waybill – Frachtbrief
weigh (to) – wiegen
well (as ~ as) – sowohl ... als auch
whether – ob
wholesale – Großhandel
wholesaler – Großhändler(in)
wide – umfassend; weit
wishes (best ~) – herzliche Glückwünsche
within a week – innerhalb e. Woche
wonder (to) – sich fragen

GLOSSAR DEUTSCH-ENGLISCH

(AE) = American English, (BE) = British English

A

ab dem *(Datum)* – as from
Abendkleidung – evening dress
abfertigen – to dispatch/despatch
abfertigen (zollamtlich ~) – to clear through customs
Abfertigung – dispatch/despatch
abgabenpflichtig – dutiable
abhängig von – independent of; subject to
abheben (Geld ~) – to draw out money
Abkommen – agreement
Abrechnung – statement; invoice
absagen – to cancel
abschicken – to dispatch/despatch; to post
Abschlußprüfung (die ~ ablegen) – to graduate
Absender – consignor, sender
Absenderadresse – return address
Abteilung – department
Abweichung – discrepancy
abziehen – to deduct
Adressat – consignee
Adresse – address
Akkreditiv – letter of credit
Akte – file
Alleinvertreter(in) – sole agent
alljährlich – annual
an alle, die es betrifft – to whom it may concern
anbei – enclosed
anfallen *(z. B. Zinsen)* – to accrue *(e.g. interest)*
Anfangsgehalt – starting salary
Anforderung – requirement
Anforderung (e. ~ erfüllen) – to fulfil a requirement
Anfrage – inquiry/enquiry
Anfrage (auf ~) – upon/on request
Angaben (technische ~) – technical specifications
Angebotsausschreibung – tender *(BE)*, bid *(AE)*
ankündigen – to announce
Anlage (in der ~) – enclosed
Annonce – advertisement
Anpassung – adjustment
Anrufbeantworter – answer phone; answering machine
Anschluß – installation
Anschrift – address
Ansicht (zur ~) – on approval
Anspruch – claim
ansteigen – to increase
anstellen – to recruit
Antwort – reply
anwachsen – to accrue
anwerben – to recruit
Anwesen – premises
anwesend sein – to attend, be present
Anzeige – advertisement
arrangieren – to arrange
aufführen (einzeln ~) – to detail
aufgeben (e. Bestellung ~) – to place an order
aufgrund – owing to
Aufmerksamkeit – attention
Auftrag – order
Ausbildung – training
ausführen – to carry out
ausführen (e. Auftrag ~) – to execute an order
Ausgaben – expenses
ausgestellt – on display
ausgleichen (e. Konto ~) – to clear an account
ausladen – to unload, disembark
Ausland (im ~) – abroad
ausliefern – to deliver
Auslieferung – delivery
ausscheiden aus – to retire
ausschließlich – exclusively
außerdem – besides
ausstehend – outstanding
ausstellen – to display, exhibit
Ausstellung – exhibition
ausverkauft – sold out
ausweiten – to broaden

B

Bahn (per ~) – by rail
baldig – forthcoming
Bankkonto – bank account
Banküberweisung – bank transfer
Bankwechsel – banker's draft
Barvorschuß – cash advance
Baumaschinen – construction equipment

Beantwortung (in ~ Ihres/Ihrer ...) – in reply to your...
Bearbeitungsfehler – clerical error
Bearbeitungsgebühr – handling charge
bedauerlich – unfortunate
Bedingung – requirement; condition, term
Bedürfnisse (seine ~ befriedigen) – to cater to one's needs
befassen (sich ~ mit) – to deal with
Beförderung – promotion *(job)*
beginnend am *(Datum)* – as from
beglaubigte Abschrift/Kopie – certified true
behandeln – to deal with, process
beifügen – to enclose
Beileidswünsche – condolences
bekümmert sein – to be distressed
Beladen – loading
belasten (e. Konto ~) – to debit an account
belegt – fully booked, no vacancies
beliebt – popular
beliefern – to supply
Belohnung – reward
bemerken – to note, notice
bemüht sein, etw zu tun – to strive to do sth
benachrichtigen – to inform, notify, advise
Benachrichtigung – notification, advice
beraten – to advise
berechnen – to charge; to invoice
Bereich (im ~ von) – in the field of
Bericht – report
beschädigt – damaged
Bescheinigung – warrant
Beschwerde – complaint
beschweren (sich ~) – to complain
bestätigen – to confirm; to acknowledge *(receipt)*
Bestätigung (Empfangs~) – acknowledgement of receipt
bestellen – to order
Bestellformular – order form
Bestellung – order
Bestellung (e. ~ aufgeben) – to place an order
besuchen – to visit
betonen – to emphasize
Betrag – amount, sum
betrifft (was ... ~) – as regards
Bevollmächtigte(r) – appointed agent
bevorstehend – forthcoming
bewerben (sich ~ um) – to apply for
Bewerber(in) – applicant, candidate
Bewerbungsvordruck – application form
Bewertung – evaluation
Beziehung – connection, relation
Bezug (mit ~ auf) – with reference to
bezüglich – with reference to, regarding
bitten – to ask, request
Blankoscheck – blank cheque
Blockschrift – block capitals
Broschüre – booklet, leaflet
Bruch – breakages
buchen – to book
Buchhalter(in) – accountant
Buchhaltung – accountancy
Buchungsfehler – accounting error
Bürge, Bürgin – guarantor
Büro – office

D

dankbar sein – to be grateful
debitieren – to debit
Defekt – defect
defekt – defective
Direktabbuchung – direct debit
Direktion – directorate; head office
Dokumente gegen Zahlung – documents against payment
Doppel – duplicate, copy
Dringlichkeit (äußerste ~) – utmost urgency
Duplikat – duplicate
durchführen – to carry out
Durchschnitt – average
durchschnittlich – average

E

Eilboten (per ~) – by courier
Einfachflug – single flight
Einführung *(e. Produkts)* – launching
Einführungspreis – introductory price
eingearbeitet *(z. B. mit Brillanten)* – inlaid *(e.g. with diamonds)*
eingeschriebener Brief – registered letter
einhalten (e. Termin ~) – to meet a deadline
Einklang (in ~ mit etw stehen) – to comply with
Einlagerung – storage
einreichen – to submit
einschließlich – inclusive
Einschreiben (per ~) – by registered post
einstellen – to recruit
Einstellungsgespräch – interview
Einzelfahrkarte – single ticket

Einzelfahrschein – single ticket
Einzelhandel (im ~ verkaufen) – to retail
Einzelhändler(in) – retailer
Einzelheiten – details, particulars
Einzelteile – component parts
Einzelzimmer – single room
Empfang – reception; receipt
Empfang (den ~ bestätigen) – to acknowledge receipt
Empfang (in ~ nehmen) – to take delivery of
Empfänger – addressee, consignee
empfehlen – to recommend
Entladen – unloading
Entschädigung – compensation
entschuldigen (sich ~) – to apologize
Entschuldigung – apology
entsprechen (e. Anforderung ~) – to satisfy a requirement
entsprechen (e. Sache ~) – to comply with
entstehen – to arise; to result
ereignen (sich ~) – to occur
Erfahrung(en) sammeln – to gain experience
Erhalt – receipt
Erholung – recovery
erinnern (jdn ~) – to remind sb
Erinnerung – reminder
Erklärung (um e. ~bitten) – to query
erkundigen (sich ~) – to inquire/enquire
ermitteln – to ascertain
Ernennung – appointment
erneuern – to renew
Ersatz – substitute, replacement
Ersatzteile – spare parts
erschöpfte Vorräte – depleted stocks
ersetzen – to replace
Erstbestellung – initial order
erwähnen – to mention
erweitern – to broaden
exklusiv – exclusive
Export – export
Extras – optional extras

F

Fabrik – factory, manufacturing plant
Fabrik (ab ~) – Ex Works
fälliger Betrag – amount due
Fälligkeitstermin – due/maturity date
Fehler – mistake
fehlerhaft – defective
ferner – besides
fertig zur Auslieferung – ready for dispatch/despatch
festsetzen – to stipulate
feststellen – to ascertain
Filiale – branch, subsidiary
Finanzlage – financial standing/status
Firma – company, firm
Firmenmarke – brand
fließend e. Sprache sprechen – to be fluent in a language
florierender Handel – brisk trade
Folgebestellung – subsequent order
fordern – to stipulate
Forderung – demand; claim
Formular – form
Foyer – lobby
Fracht – freight, cargo
Frachtbrief – waybill
frachtfrei – CPT (Carriage Paid To)
frachtfrei versichert – CIP (Carriage and Insurance Paid to)
Frage – question; query
fragen – to ask, inquire/enquire
fragen (sich ~) – to wonder
frei – free, vacant
frei Frachtführer – FCA (Free Carrier)
frei Schiff – FOB (Free On Board)
freuen (sich ~ auf) – to look forward to
freundlich – kind
Freundlichkeit – kindness
früher – prior
Führerschein – driving licence
Fusion – merger

G

garantieren – to guarantee
Gastfreundschaft – hospitality
Gebiet – area
Gebiet (auf dem ~ von) – in the field of
Gebrauchsanweisung – instructions for use
Gebühr – fee
geeignet – appropriate; suitable; convenient
Gegend – area
Geldanweisung – money order
Gelder – funds
Gelegenheit – opportunity, occasion
Gelegenheit (die ~ ergreifen, zu) – to take the opportunity to
geliefert ab Kai / verzollt – DEQ (Delivered Ex Quay)
geliefert ab Schiff – DES (Delivered Ex Ship)

geliefert ab Grenze – DAF (Delivered At Frontier)
geliefert unverzollt – DDU (Delivered Duty Unpaid)
geliefert verzollt – DDP (Delivered Duty Paid)
gemäß – in accordance with, as per
genau angeben – to specify
Genesung – recovery
gerichtlich vorgehen – to take (legal) proceedings
geschäftlich – on business
Geschäftsführung – management
Geschäftsräume – premises
Gesellschaft – firm, company
Gesellschaftskleidung – formal dress
Gesetz – law; act
Gespräch – conversation; interview
getrennt (mit ~er Post) – under separate cover
gezwungen – obliged
Gläubiger – creditor
Glückwünsche (herzliche ~) – many congratulations, best wishes
Grad (e. akademischen ~ erlangen) – to graduate
gratulieren – to congratulate
Großbuchstaben – capital letters
Großhandel – wholesale
Großhändler(in) – wholesaler
großzügig reduziert – substantially reduced
gültig – in force, valid
Gutachten – report
Guthaben – balance
gutschreiben – to credit
Gutschriftsanzeige – credit note

H

Hafen – harbour
haftbar – liable
Haftung – liability
Halbpension – half board
Halbpension (Zimmer mit ~) – bed, breakfast and evening meal
Handelsgesellschaft – trading company
Handelsmesse – trade fair
Handelsvertreter(in) – sales representative
Händler(in) – trader, dealer
Hauptverwaltung – head office
Haus (frei ~) – carriage paid
Haushaltsjahr – financial year
hausintern – in-house
Heimwerkerprodukte – DIY (Do It Yourself) products
Herausforderung – challenge
hermetisch versiegelt – hermetically sealed
Hersteller(in) – manufacturer
Herstellung, -svorgang – manufacturing process
hiermit – hereby
hinausschieben – to put off *(informal)*
Hinflug – return flight
Hin- und Rückflug – return flight
hinweisen (jdn auf etw ~) – to draw sb's attention to sth
Hochkonjunktur – (consumer) boom
Honorar – fees
Hörer – receiver *(Telec.)*
Hotelkette – chain of hotels

I

Importeur – importer
Importfirma – importer
inbegriffen – included
informieren – to inform
Ingenieur(in) – engineer
Inhalt – content
inklusive – including
innerbetrieblich – in-house
innerhalb e. Woche – within a week
Installation – installation

J

jetzt (von ~ an) – hereafter

K

Kandidat(in) – candidate
Kauf – purchase
Käufer – buyer
Kenntnis (zur ~ nehmen) – to note
Kiste – crate
Kollektion – product line
Kombi(-wagen) – estate car
Kommentar – comment
Kommissionssatz – rate of commission
Konkurrent – competitor
Konkurrenz – competition
konkurrenzfähig – competitive
Konnossement – bill of lading
Kontakt aufnehmen – to get in contact
Konto – account
Kontoauszug – statement of account
Kontoführungsgebühr – handling charge

Kontoüberziehung – overdraft
Kopie – copy
Kosten – costs; expenses; charges
Kosten und Fracht – CFR (Cost and Freight)
Kosten, Versicherung, Fracht – CIF (Cost, Insurance and Freight)
kostenlos – free of charge
Kostenvoranschlag – quotation; estimate
Kredit gewähren – to give credit
Kreditbedingungen – credit terms
Kreditmodalitäten – credit facilities
Kunde, Kundin – customer
Kundendienst – after-sales service
kurzem (vor ~) – recently
kürzlich – recently

L

Ladenpreis – retail price
Lager (am ~ führen) – to stock
Lager (auf ~) – in storage
Lager(-haus) – warehouse
lagern – to store
Lagerung – storage
Lasten (geht zu Ihren ~) – payable by you
Lastschrift – debit
laufend – current
laut – according to
Lebenslauf – curriculum vitae
leer – empty, vacant
legere Kleidung – casual dress
leicht – slight; easy
leider – unfortunately
Leistung – performance
letzter Termin – deadline
Lieferant(in) – supplier
liefern – to supply; to deliver
Lieferschein – delivery slip
löschen – to unload, disembark
Luftfracht – air freight
Luftfrachtbrief – air waybill

M

Markt – market
Maßnahmen ergreifen – to take steps
Maßstab – standard
Mehrwert – added value
melden (sich bei jdm ~) – to get in touch with sb
Menge (e. ~) – plenty of
Menge (große ~) – bulk
Messe – fair
messen – to measure
mieten – to hire; to rent
miserabler Service – appalling service
Mißverständnis – misunderstanding
Mittel – funds
Mittelsperson – intermediary
Modell – model
möglich (so bald wie ~) – as soon as possible
möglichst bald – at your earliest convenience
Monatsrate – monthly instalment
Muster – sample

N

Nachbestellung – repeat order
nachfolgend – following; hereafter
Nachnahme (per ~ / Zahlung gegen ~) – cash on delivery
nachschicken – to forward
Nachsendeadresse – forwarding address
nachsuchen – to request
Nebenstelle – subsidiary
nett – kind, nice
Nettopreis – net price
Netz(-werk) – network
Niveau – level; standard
Norm – norm; standard
Normal- – standard
Notiz – note
Notizblock – message pad
nützen (jdm ~) – to be of service to sb
nützlich – beneficial

O

ob – if; whether
Orderscheck – order cheque
ordnungsgemäß unterzeichnet – duly signed

P

Panne – breakdown
Partie – part; lot, batch
Partnerschaft – partnership
passen – to suit
passend – appropriate; suitable; convenient
passieren – to happen, occur
Pauschalreise – package tour
Pension (in ~ gehen) – to retire
per *(z. B. Luftfracht)* – by *(e.g. air freight)*
persönlich *(auf Briefen)* – private
planen, etw zu tun – to plan to do sth
Platz – seat
Post – post *(BE)*, mail *(AE)*

Posten – post, position; quantity, lot
Postleitzahl – postcode
postwendend – by return of post
potentiell – potential
präsentieren – to show
Präsident(in) – President; chairman, -woman
Preis – price; rate
Preis (e. ~ angeben) – to quote a price
Preis pro Einheit – unit price
Preisangebot – quotation
Preisliste – price list
Preisnachlaß – discount
Problem – problem; query
Produktionsstätte – manufacturing plant
Produktlinie – product line
Profitspanne – profit margin
Proforma-Rechnung – pro forma invoice
Prozeß (e. ~ anstrengen) – to take (legal) proceedings
prüfen – to check

Q

Qualität (hohe ~) – high standard
Quittung – receipt

R

Rabatt – discount
Rabatt (e. ~ gewähren) – to grant a discount
Rat(-schlag) – advice
Rechnung – invoice
Rechnung (in ~ stellen) – to invoice
Rechnungsabteilung – accounts department
Rechnungswesen – accountancy
Rechtsabteilung – legal department
Rechtshandlung – act
rechtskräftig – in force
Referenz – referee
regeln – to settle
Regelung – regulation
Regulierung – regulation, adjustment
Reihe – range
Reise – trip
Reklamation – complaint
Reklame – advertising
Repräsentant(in) – representative; (appointed) agent
reservieren – to book, reserve
Reservierung – booking
Rohmaterial – raw material
Rückerstattung – reimbursement

S

Saldo – balance
Schaden – damage; defect
Schäden – damages
Schadensaufnahme – survey of damage
schätzen – to estimate
Schätzung – estimate; quotation
schicken – to send
Schiff (frei ~) – free on board
Schulden – debt(s)
sicher sein – to be confident
Sichtwechsel – sight bill/draft
Soll – debit
Sonderpreis – special reduced price; preferential rate
Sortiment – range
sowie – together with
sowohl ... als auch – as well as
Sparkonto – deposit/savings account
Spediteur – carrier; forwarding agent
Spesen – expenses
Spezifikation – specification sheet
Stadtrand – outskirts
Stand – stand
Stand (auf den neuesten ~ gebracht) – updated
Standard – standard
Standardpreise – standard charges
Steigerung – increase
Stelle – job, post
Stelle (freie ~) – vacancy
Stichtag – deadline
Störung – disruption
stoßen (zufällig auf etw ~) – to come across sth
Strafe – fine
streichen – to cancel
Streik – strike
Stückpreis – unit price
Summe – amount, sum

T

Tarif – rate
technische(r) Berater(in) – technical adviser
technische Beschreibung – specification sheet
technischer Defekt – technical fault, breakdown
teilnehmen – to take part; to attend
Termin – appointment; deadline; date
Tippfehler – typing error

Treffen – meeting
treffen – to meet

U

überall in – throughout
überbelegen – to overbook
überbuchen – to overbook
Übereinkunft – agreement
übereinstimmen *(Zahlen, Berichte)* – to tally
Übereinstimmung (in ~ mit) – in accordance with
überfällig – overdue
Überprüfung (um e. ~ bitten) – to query
Übersee (in/nach ~) – overseas
übersteigen – to exceed
Überweisung – (credit) transfer; remittance
überzogen *(Konto)* – overdrawn
üblich – usual; standard
umfassend – wide
Umladekosten – handling charge
Umsatz – turnover
Umschlag – envelope
umsonst – free of charge
Unannehmlichkeit – inconvenience
unbefriedigend – unsatisfactory
unbesetzt – unoccupied, vacant
unerledigt – outstanding
unglücklich sein – to be unhappy, distressed
Unkosten haben – to incur expenses
unsachgemäße Verpackung – inadequate packing
Unstimmigkeit – discrepancy
unten erwähnt – undermentioned
Untergestell *(für Telefon)* – stand
Unterkunft – accommodation
unterschreiben – to sign
unterstreichen – to underline
Untersuchung (bei näherer ~) – upon investigation
unterzeichnen – to sign
unverkäuflich – unsaleable; not negotiable
unwesentlich – slight, irrelevant, unimportant

V

Verabredung – appointment
Verabredung (e. ~ einhalten) – to keep an appointment
veranlassen – to arrange
Veranstaltung – event
verarbeiten – to process
verbessern – to improve
verbindliches Angebot – firm offer
Verbindung – connection, link
Verbindung (sich in ~ setzen mit) – to contact
Verbraucher(in) – consumer
verbunden – obliged
vereinbart (wie ~) – as arranged
verfügbar – available
Verfügbarkeit – availability
verhandeln über – to negotiate
Verkäufe – sales
Verkäufer(in) – seller; salesperson
Verkaufsabteilung – sales department
Verkaufsleiter(in) – sales manager
Verkaufsstrategie – sales policy
Verladen – loading
verlangen – to demand; to require; to stipulate
verlängern – to extend; to renew
Verlängerungskabel – extension wire/lead
verläßlich – reliable
Verlust – loss
Vermerk – note
Verpackung – packing
Versammlung – meeting
Versand – dispatch/despatch; distribution; consignment
versäumen, etw zu tun – to fail to do sth
verschieben – to adjourn, postpone, put off *(informal)*
verschiffen – to ship
Verschiffung – shipment
Versenden – consignment
Versender – consignor
Versicherer – insurer, underwriter
Versicherung – insurance
Versicherung (durch e. ~ gedeckt sein) – to be covered by insurance
Versicherung (e. ~ abschließen) – to take out an insurance policy
Versuch – trial
vertagen – to adjourn
Vertrag – contract
Vertreter – agent
Vertreter(in) – representative
Vertretervertrag – agency agreement
Vertrieb – sales; sales department
Vertriebsgesellschaft – distribution company
verzögern – to delay

Verzögerung – delay
vielversprechend – promising, encouraging
Vierteljahr – quarter
vierteljährlich – quarterly
Vollmacht – warrant
Vollpension – full board
voraus (im ~) – in advance
vorausgehend – prior
Vorauszahlung – advance payment; cash in advance
vorbehaltlich – subject to
Vorbereitungen treffen – to make arrangements
vorhaben (etw ~) – to have sth on
vorhaben, etw zu tun – to intend to do sth
vorhergehend – previous
vorherige Benachrichtigung – prior notice
vorlegen – to submit
vorrätig (etw ~ haben) – to have sth in stock
Vorschlag – suggestion, proposal
vorschlagen – to suggest, propose
Vorsitzende(r) – chairman, -woman, -person
vorstellen (jdm etw ~) – to point out sth to sb; to show sb sth
vorteilhaft – beneficial

W

Wachstum – growth; increase
Wahl (in die engere ~ kommen) – to be short-listed
Währung – currency
Ware(n) – goods
Warensendung – shipment
Wartungsingenieur(in) – maintenance engineer
Wechsel – bill (of exchange); draft
Wechselkurs – exchange rate
wegen – owing/due to
weit – wide
weiter – further
weiterleiten – to pass on; to forward
Werbekampagne – advertising campaign
Werbeveranstaltung – promotion
Werbung – advertising
Werk – factory
Werk (ab ~), ab Lager – EXW (Ex Works)
Werkstatt – workshop
Wert – value
Wettbewerb – competition
wettbewerbsfähig – competitive
wie … erwähnt – as mentioned
wiegen – to weigh
Wirtschaftsjahr – financial year
Wirtschaftsprüfer(in) – accountant
Wunsch (auf ~ erhältlich) – available upon request; optional
Wünsche – wishes

Z

Zahlung nach Warenerhalt – charges forward
Zahlungsaufschub – extension of payment time
Zahlungsbedingungen – terms/conditions of payment
Zahlungsmitteilung – advice of payment
Zahlungsunfähigkeit – failure to pay
Zeit (die ganze ~ über) – throughout
Zeitplan – schedule
Zentrale – head office
zerbrochene Ware – breakages
Zimmer (leeres ~) – vacancy
Zoll(polizei) – customs
Zollabfertigung – customs clearance
zollfrei – duty free
Zollgebühren – customs duties
zollpflichtig – dutiable
Zubehör(-teil) – accessory; component part
zugeben – to admit
zunehmen – to increase
zurück an den Absender – return to sender
zurückerstatten – to refund
zurückgeben – to return, give back
zurückschicken – to return, send back
zusammen mit – together with
zusätzlich – additional, further
zuversichtlich – confident
zuzüglich berechnen – to charge at extra cost
zwangslose Kleidung – casual dress
Zweigstelle – branch
Zwischenverkauf – prior sale